Dieses Buch arbeitet mit Python 2.7.xxx
&
Python KARA

Download auf www.python.org

Vorwort

Dieses Workbook soll Sie dabei unterstützen einen guten Einstieg in die Programmierung zu finden. Verwendet wird die Programmiersprache Python, die einen klaren und strukturierten Aufbau von Programmen einfordert und somit für das Erlernen von strukturierten Lösungsschemata hervorragend geeignet ist. Zudem erfreut sich diese Programmiersprache in vielen Bildungseinrichtungen und Unternehmen zunehmender Beliebtheit.

Dieses Workbook ist analog zu den Workbooks zu verstehen, die Sie aus dem Sprachunterricht kennen. Sie erlernen hier ja schließlich auch eine neue Sprache, weshalb sich diese Analogie anbietet. Das Buch soll dazu anregen, direkt mitzuarbeiten. Im Buch sind viele Zwischenaufgaben gestellt, die sich auf den Lernstoff davor beziehen und direkt im Buch gelöst werden sollen. Dies dient dazu, dass das Erlernte direkt gefestigt und erprobt ist. Ein direktes Schreiben in das Buch hat den Vorteil, dass Sie interaktiv und direkt mit dem Lernstoff agieren und Ihr Wissen auch immer sofort auf den Prüfstand stellen.

Wichtig ist auch, dass Sie auch sämtliche Codierungen in der Python IDLE, dem Editor für diese Programmiersprache, abtippen. Durch das Abschreiben und durch die Eingabe neuer Problemlösungen werden Sie die Programmierung schnell erlernen und können allmählich in komplexere Projekte einsteigen.

Das Workbook beginnt mit den BASICS der Programmierung, steigert sich jedoch in der Komplexität, so dass Sie am Schluss kleinere GUI-Anwendungen sowie einfach animierte Spiele programmieren können. Auch wenn bestimmte Inhalte aufgrund des Umfangs nicht in der Tiefe behandelt werden können (z.B. OOP) wird dennoch die Grundlage gelegt für anspruchsvolle Programmierprojekte, die selbständig erarbeitet werden können.

Didaktischer Hinweis für Lehrkräfte:
In den einzelnen Kapiteln sind sogenannte Zwischenübungen eingebaut. Nutzen Sie diese sowie auch die Übungsaufgaben am Ende der Kapitel um die Klasse immer wieder zu sammeln. Idealerweise präsentiert ein Schüler seine Lösung vor der Klasse. Erfahrungsgemäß driften die Schüler mit der Zeit aufgrund der unterschiedlichen Lerntempi weit auseinander, so dass diese Übungen und Aufgaben als Sammlungsphasen dienen können.

Nun viel Spaß beim Lernen einer neuen (Programmier-)Sprache!

Ludwigshafen am Rhein, April, 2018

Clemens Kaesler

Ergänzungen zum Buch finden Sie auf:

www.powerlerner.de!

---

1. Einführung in Python

Python ist eine moderne Programmiersprache und gehört zu den höheren Programmiersprachen, die aufgrund ihrer klaren Syntax und Struktur immer mehr Anhänger findet. Ein ausgesprochenes Prinzip der Entwickler von Python war es, die Programmlesbarkeit deutlich zu vereinfachen. Eine übersichtliche Struktur wird durch die erzwungene Einrücktiefe (siehe Beispiel XX) gebildet. Es läuft auf den verschiedensten Betriebssystemen (Linux, Mac, Windows u.v.m.) und verfügt über eine sehr umfangreiche Standardbibliothek. Standardbibliothek bedeutet, dass viele Probleme bereits gelöst sind und mit Hilfe einfacher Befehle (sog. Module) in Programme eingebunden werden können (z.B. **Generierung einer Zufallszahl).**

1.1 Die Programmiersprache Python

Wie bei den meisten Programmiersprachen ist ein Programm in Python eine Textdatei, welche im Prinzip zunächst mit einem beliebigen Texteditor bearbeitet werden kann. Die Ausführung des Programms besteht darin, dass Python die Anweisungen in der Textdatei Zeile für Zeile abarbeitet.

> **Damit Sie direkt eine Vorstellung bekommen, wie so ein Programm aussieht, sei an dieser Stelle ein Beispiel aufgeführt. Sie müssen noch nicht jede Zeile verstehen (die englischen Begriffe sprechen jedoch meist für sich!).**

Beispiel:
Im folgenden Programm wird der Nutzer gebeten, drei Zahlen einzugeben. Das Programm addiert die drei Zahlen und gibt sie als Summe aus.
Ist die Summe größer als 100, so gibt das Programm den Text aus: „Die Summe ist größer als 100!"
Ist die Summe kleiner oder gleich 100, so gibt das Programm den Text aus: „Die Summe ist kleiner oder gleich 100".

1	*print „""Dieses Programm berechnet Ihnen die Summe von drei Zahlen"*
2	*zahl1 = raw_input ("Geben Sie die erste Zahl ein!")*
3	*zahl2 = raw_input("Geben Sie die zweite Zahl ein!")*
4	*zahl3 = raw_input ("Geben Sie die dritte Zahl ein!")*
	summe = zahl1 + zahl2 + zahl3
5	*print "Die Summe ist", summe*
	if summe >100:
6	*print "Die Summe ist größer als 100!"*
	else:
7	*print "Die Summe ist kleiner oder gleich 100!"*

Geben Sie das Programm nun in Python-IDLE ein (vorher Einführung nächstes Kapitel lesen). Es ist wichtig, dass Sie immer alle Beispielprogramme in IDLE abtippen und ausprobieren.

1.2 Die Entwicklungsumgebung von Python - IDLE

Auch wenn einfache Texteditoren für die Erstellung eines Programms genügen, ist es besser, die eigens für die Programmiersprache entwickelten Entwicklungsumgebungen zu nutzen. Entwicklungsumgebungen heißen auf Englisch „Integrated Development Environment" (IDLE) und sind eigene Programme, die mit zahlreichen Funktionen das Programmieren unterstützen. Die IDLE unterstützt das Programmieren insbesondere dadurch:

- Syntax der Programmiersprache wird farblich hervorgehoben, um den Code übersichtlicher zu machen

- Das Programm kann direkt in der IDLE ausgeführt werden
- Befehle werden oft automatisch vervollständigt
- Fehler werden erkannt und es werden Hinweise zur Fehlerbehebung gegeben

---

Laden Sie sich nun das komplette Python-Paket auf folgender Web-Site herunter:
https://www.python.org/downloads/
Nehmen Sie bitte den Download "Python 2.7.13" oder falls es bereits wieder
Weiterentwicklungen gibt die neueste Version von Python 2.x.
Die Syntax von Python 3 unterscheidet sich in einigen Punkten. Python 3.x ist keine Neu- oder
Weiterentwicklung von Python 2., sondern eine Abzweigung mit anderen Entwicklungs-
schritten. Python 2.x erweist sich als die zuverlässigere und stabilere Version, weshalb sie für
dieses Buch bevorzugt wird.

---

2. Der Algorithmus - Vom Problem zur Lösung

In diesem Buch geht es um Anwendungsprogramme, die helfen sollen eine Problemstellung zu lösen. Es genügt damit nicht, dass man die Befehle einer Computersprache kennt, sondern es erfordert Erfahrung, mathematisches bzw. logisches Denken und eines systematischen Vorgehens, um gegebene Problemstellungen tatsächlich mit Hilfe einer Programmierung zu lösen. Hierzu dienen sog. Algorithmen. Der Name „Algorithmus" ist arabischer Herkunft und ist eine Abwandlung des Namens "Abu Dscha'far Muhammad ibn Musa al-Chwarizmi", ein indischer Gelehrter, dessen Buch zur Technik des Rechnens (verfasst 825 n.Chr. in Bagdad) der heutigen Verwendung der arabischen (eigentlich indischen) Ziffern in unserem Kulturraum den Boden bereitete. Die verwendeten Rechenregeln wurden ab dem 16. Jahrhundert in Europa immer populärer und wurden als Algorithmen bezeichnet, ein Begriff, der sich als Allgemeinbegriff für Rechenverfahren durchgesetzt hat.

> **Algorithmen sind damit strukturierte Verfahren, wie eine Problemstellung gelöst werden kann. Die einzelnen Schritte müssen als Verarbeitungsvorschriften klar formuliert und absolut eindeutig sein. Eine Maschine muss sie sequentiell abarbeiten können.**

2.1 Visualisierungshilfen für Algorithmen - Struktogramme

Algorithmen lassen sich sehr gut mittels Struktogrammen darstellen. In diesem Lehrbuch werden die sog. „Nassi-Shneidermann-Diagramme" verwendet, die in der Programmierung eine lange Tradition haben. Diese Diagramme veranschaulichen die Umsetzung des Algorithmus in Form des Diagrammflusses.

Anweisungen die aufeinander folgen werden als Blöcke gestapelt:

Gibt es eine logische Ja/Nein-Situation (wahr/falsch), so handelt es sich um eine Verzweigung:

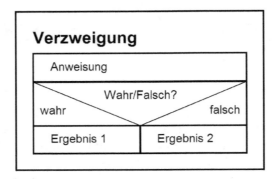

Beliebt sind in der Programmierung auch Schleifen, hier wird eine Rechenoperation so lange durchlaufen, bis eine bestimmte Schleifenbedingung erfüllt ist.

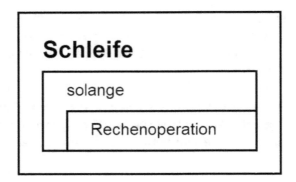

Wichtig: Sie werden sich fragen, warum Struktogramme erstellt werden müssen. Struktogramme visualisieren den Algorithmus und sind damit eine große Hilfe für die Programmierung, die ja letztlich einen geschriebenen Text darstellt an dem es nicht immer einfach ist, genau die algorithmische Abfolge zu erkennen.

Beispiel:
Für ein Programm zur Berechnung der Kosten des Benzinverbrauchs soll ein Algorithmus erstellt werden. Bei dem Programm soll gewählt werden, ob es SuperPlus-Benzin ist oder Normal-Benzin

Algorithmus:
- *Eingabe: Gefahrene Kilometer*
- *Eingabe: Verbrauch pro 100 km (in Liter)*
- *Benzinverbrauch: Gefahrene Kilometer * Verbrauch pro 100km (in Liter)*
- *Wahl Super-Benzin oder Normal-Benzin*
- *Falls Super-Benzin:*
- *Kosten = Benzinverbrauch * Preis Super-Benzin/Liter*
- *Falls Normal-Benzin:*
- *Kosten = Benzinverbrauch * Preis Normal-Benzin/Liter*
- *Ausgabe Kosten*

Nun die Darstellung als Struktogramm:

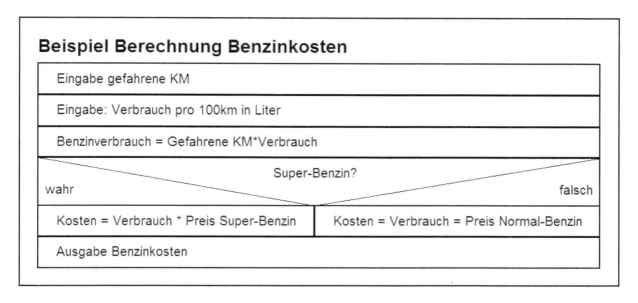

Anmerkung zum Struktogramm: Die Auswahl Super-Benzin oder Normal-Benzin kann durch die Frage nach Super-Benzin gelöst werden, da automatisch die Alternative in diesem Fall „Normal-Benzin" ist.

Wichtig: Es sind auch Verschachtelungen möglich, so kann eine Verzweigung in eine Verzweigung eingebaut werden.

Beispiel:

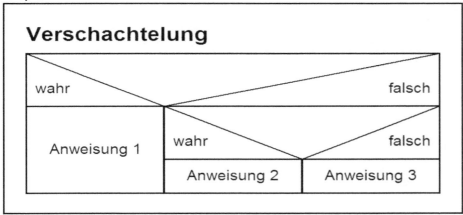

Zwischenübung:

Entwerfen Sie ein Struktogramm für folgende Mathematikaufgabe:
Es sollen drei Zahlenwerte eingegeben werden.
Diese drei Zahlenwerte werden multipliziert. Ist das Ergebnis größer 100, dann soll das Ergebnis durch 5 geteilt werden. Ist das Ergebnis kleiner 100 soll es mit 3 multipliziert werden. Ist das Ergebnis genau gleich 100, soll das Programm den Begriff „Volltreffer" ausgeben!

Übungsaufgaben zu Kapitel 2

Erstellen Sie Struktogramme zu folgenden Problemstellungen:

Aufgabe 1:

Es soll ein Programm erstellt werden, dass die m² Fläche eines Rechtecks berechnet.

Aufgabe 2:

Es soll ein Programm erstellt werden, das erst abfragt, ob ein Rechteck oder ein Kreis berechnet werden soll. Dann sollen die notwendigen Variablen abgefragt werden und Umfang und Fläche berechnet werden.

Aufgabe 3:

In einem Unternehmen wird unter bestimmten Bedingungen eine Mitarbeiterprämie gezahlt.

      I)   Hat der Mitarbeiter einen Jahresumsatz von 100.000,-€ oder weniger erreicht erhält er keine Prämie.

      II)   Für über 100.000,- € und weniger als 200.000,- € erhält er 2 % des Umsatzes.

      III)   Für einen Umsatz der größer ist als 200.000,- € erhält er 5 %.

Aufgabe 4:

Es soll ein Struktogramm für ein Programm erstellt werden, das den Zins pro Jahr einer Geldanlage ausgibt. Der Zins wird wieder neu angelegt (Zinseszinseffekt)!

In das Programm sollen der Anlagebetrag, die Anlagedauer sowie der Anlagezins eingegeben werden. Anschließend gibt das Programm für die Dauer die jeweiligen Jahreszinsen aus.

Aufgabe 5:

Erstellen Sie ein Struktogramm für ein Programm, das mitzählt, wie oft eine Zahl zwischen 1 und 10 mit 2 multipliziert werden muss, bis ein Ergebnis über 100.000 erreicht ist.

Aufgabe 6:

Erstellen Sie ein Struktogramm für ein Programm, das vom Nutzer abfragt, ob er Addition oder Multiplikation üben möchte. Dann sollen 5 mal die Zahlen 1 bis 10 als Summanden oder Faktoren zufällig gewählt und der gewünschten Rechenoperation zugeführt werden.

3 Variablen, Operatoren & Datentypen

3.1 Variablen als Speicheradressen

Variablen sind in der Programmiersprache wie Gefäße, die fortlaufend neue Inhalte aufnehmen können. Einen, für den mathematischen Bereich, typische Variable ist „x". So wie in der Mathematik die Variable „x" ein Platzhalter für verschiedene Werte ist, so ist auch in der Programmierung die Variable ein Platzhalter in Form einer oder mehrerer Speicheradressen, die Zeichen und Werte aufnehmen können.

3.1.1 Gestaltung von Variablennamen

Für alle Programme sollte gelten, dass die Bezeichnung der Variablen, also der Variablenname, möglichst eindeutig und klar sein soll. In langen Programmen, an denen z.B. mehrere Programmierer arbeiten, kann es schnell sehr unübersichtlich werden, wenn immer nur ein einzelner Buchstabe (z.B. x für Menge, t für Zeit, g für Geschwindigkeit etc.) verwendet wird. Besser ist es kurze, selbsterklärende Bezeichnungen zu wählen (z.B. menge für Menge, vpreis für Verkaufspreis, epreis für Einkaufspreis etc.). Darüber hinaus gilt, dass in Python die Groß- und Kleinschreibung unterschieden wird.

Beispiel:
Menge ≠ MENGE ≠ menge

Eine Kombination von Buchstaben und Zahlen ist auch möglich und extrem sinnvoll, wenn z.B. mehrere Werte des gleichen Typs auf mehrere Variablen gelegt werden sollen.

Beispiel:
Ein Programm soll den Durchschnitt von 5 Zahlen berechnen. Für die Eingabe der fünf Zahlen werden von Variablen geschaffen: zahl1, zahl2, zahl3, zahl4, zahl5.

Wichtig: Bei Python-Programmieren ist es Konvention, dass Variablen immer mit einem Kleinbuchstaben beginnen. Z.B. für den Wert Verkaufspreis wäre „vPreis" oder „vpreis" gut geeignet. Diese Konvention ist allerdings nicht zwingend, es wäre als kein Fehler im Programm, wenn Sie „VPreis" verwenden würden.

3.2 Eingabe von Zeichen und Werten mit raw_input() für Variablen

Um Werte in ein Programm zu bekommen, gibt es in Python 2 die Funktion raw_input(). Die Eingabe wird zunächst als Zeichenkette (String) eingelesen.

Beispiel:

Codierung „Eingabe und Ausgabe des Vornamens"	
1	*print "Wie ist dein Name?"*
2	*vName = raw_input ()*
3	*print vName*

Erläuterung der Codierung per Zeile:
1 – Der Print-Befehl gibt die Frage am Bildschirm aus.
2 – Der Variablen „vName" wird die Eingabe, die der Nutzer über die Tastatur macht, zugewiesen.
3 – Der Name wird wieder ausgegeben.

Der Befehl raw_input () hat im Prinzip einen Ausgabebefehl (print) bereits eingebaut. Das obige Beispiel könnte einfach auch so lauten.

Beispiel:
vName = raw_input ("Wie ist dein Vorame?")

Im Folgenden wird immer diese Kurzform für Eingaben verwendet. Der Print-Befehl wird nur dann verwendet, wenn für den Nutzer sonstige ausführliche Erläuterungen notwendig sind.

3.3 Datentypen von Eingaben

3.3.1 Zahlen

3.3.1.1 Integer-Zahlen
Integer-Zahlen sind mathematisch betrachtet ganze Zahlen (also keine Dezimalzahlen) des positiven und negativen Zahlenraums. Ist eine Variable mit einem Integer-Wert belegt, so rechnet das Programm nur mit ganzen Zahlen weiter.

Beispiel:

Codierung „Eingabe und Ausgabe des Vornamens"	
1	zahl1 = raw_input ("Geben Sie die erste Zahl ein!")
2	zahl1 = int(zahl1)
3	zahl2 = raw_input ("Geben Sie die zweite Zahl ein!")
4	zahl2 = int(zahl2)
5	ergebnis = zahl1 + zahl2
6	print ergebnis

Erläuterung der Codierung je Zeile:

1- Die Variable mit dem Variablennamen zahl1 bekommt Zeichen zugewiesen.
2- Der String wird in einen Integer-Wert umgewandelt.
3- Die zweite Variable bekommt einen String zugewiesen.
4- Der String wird in einem Integer-Wert umgewandelt.
5- zahl1 und zahl2 werden addiert und in die Variable „ergebnis" gespeichert.
6- Der Wert der Variablen „ergebnis" wird am Bildschirm ausgegeben.

3.3.1.2 Float-Zahlen

Float-Zahlen sind sog. Fließkommazahlen (Dezimalzahlen). Wichtig ist, dass bei Python kein Komma für die Dezimalstellen gesetzt wird, sondern es entsprechend der angloamerikanischen Zahlenschreibweise ein Punkt die Abgrenzung für den Dezimalbereich darstellt.

Beispiel:

Codierung „Eingabe und Ausgabe des Vornamens"
1	preis = raw_input ("Geben Sie den Ölpreis bis zur dritten Nachkommastelle ein!")
2	preis = float(preis)

Sowohl für Float-Werte als auch für Integer-Werte gibt es eine vereinfachte Schreibweise. Statt die Typumwandlung (sog. Type-Casting) der Variablen in einer Anschlusszeile zu machen, können Sie mit raw_input() auch direkt den entsprechend Datentyp einlesen. Dabei wird der Datentyp „int" oder „float" direkt vor raw_input() gestellt.

Beispiel:

preis = float(raw_input("Geben Sie den Ölpreis bis zur dritten Nachkommastelle ein!"))

Runden von Floatzahlen

Berechnungen mit Floatzahlen führen schnell dazu, dass Ergebnisse mit vielen Kommastellen herauskommen. Gerade im kaufmännischen Bereich ist es jedoch üblich, das nur zwei Kommastellen ausgewiesen werden.

Beispiel:

Codierung „Begrenzung auf zwei Nachkommestellen"
1	eingabe = float(raw_input("wert?"))
2	eingabe = eingabe /3.8521
3	print "%.2f" %eingabe

Erläuterung zur Codierung per Zeile:
1 – Der Eingabewert wird eingelesen!
2 – Der Eingabewert wird durch 3,8521 dividiert, der Wert wird der Variablen „eingabe" neu zugewiesen.
3 – Der Wert wird über „%.2f" auf zwei Nachkommastellen gekürzt.

Zwischenübung:

Erstellen Sie ein kleines Programm, das den Nettopreis als Kommazahl einliest. Daraufhin wird die Mehrwertsteuer berechnet (19%). Dann wird der Bruttopreis über „print" ausgegeben. Der Preis soll mit zwei Nachkommastellen ausgegeben werden.

Lösung:

Übertragen Sie das Programm in die IDLE und testen Sie den Erfolg!

3.3.1.3 Operatoren für Zahlen

Operatoren, sind Zeichen, mit denen eine Operation durchgeführt werden kann. In Python werden die Rechenoperatoren des Nummernblocks der Tastatur für die üblichen mathematischen Berechnungen verwendet:

Addition „+": Zahlen können mit „+" addiert werden.
Subtraktion „-": Zahlen können mit „-" subtrahiert werden.
Multiplikation „*": Zahlen können mit „*" multipliziert werden.
Division „/": Zahlen können mit „/" dividiert werden.

3.3.1.4 Exponentialrechnung

Die Exponentialrechnung hat eine andere Schreibweise als in der Mathematik (keine Hoch-Schreibweise).

Mathematik	Python
3^2	3**2
3^5	3**5

3.3.1.5 Restwert-Rechnung

In der Programmierung ist die Berechnung von Restwerten sehr wichtig, da damit viele Programmierprobleme gelöst werden können.
Der Operator heißt „Modulus" und hat das Zeichen „%".

Beispiel:
7%2 = 1 → Der Restwert beträgt 1, wenn 7 durch 2 dividiert wird.

Zwischenübung:
Erstellen Sie ein Programm, das eine Gesamtsekundenzahl in Sekunden und Minuten umrechnet.

Lösung:

Übertragen Sie das Programm in die IDLE und testen Sie den Erfolg!

3.3.1.6 Das Gleichheitszeichen „="

Das Gleichheitszeichen „=" ist in der Programmierung ein Zuweisungsoperator.

Beispiel:

x = 13 → Der Variable x wird der Wert 13 zugewiesen.

Wichtig: Ist das Gleichheitszeichen doppelt gesetzt („=="), dann handelt sich um einen Vergleich. Dies ist z.B. in Verzweigungen notwendig, wenn bei der Programmausführung eine Entscheidung getroffen werden muss.

Beispiel:

Codierung „Eingabe und Ausgabe des Vornamens"	
1	if x == 13:
2	print "Der Wert ist 13"
3	else:
4	print "Der Wert ist nicht 13"

3.3.1.7 Inkrement und Dekrement

Besonders in Schleifendurchläufen ist es notwendig Zähler einzubauen, die die Durchläufe mitzählen. Wird der Zähler hochgezählt, wird dies Inkrementierung genannt, wird er herunter-gezählt, nennt man das Dekrementierung.

Beispiel:
Inkrementierung: zähler = zähler + 1
Dekrementierung: zähler = zähler-1

Mathematisch wäre das Beispiel Unsinn. Ein Wert kann nicht gleich dem Wert plus 1 sein. In der Programmierung in Python bedeutet das Anführungszeichen jedoch eine Zuweisung, d.h. die Variable Zähler erhält die Summe „alter Wert des Zählers" addiert um 1.

Zwischenübung:

Erstellen Sie ein Programm, in das eine große Zahl (zwischen 100 und 200) und eine kleine Zahl zwischen (1 und 10) einliest.

Es solle eine Schleife programmiert werden, in der die kleinere Zahl solange mit 4 addiert wird bis sie gleich oder größer der größeren Zahl ist. Die Schleifendurchläufe sollen gezählt und ausgegeben werden.

Lösung:

Übertragen Sie das Programm in die IDLE und testen Sie den Erfolg!

3.3.1.8 Zeichen und Zeichenketten

Programme sind natürlich nicht nur für mathematische Berechnungen geeignet, auch mit Zeichen und Zeichenketten (z.B. Wörtern eines Dictionary) können Programme umgehen.

Beispiel:

Ein Programm soll die Adresse eines Nutzers abfragen, hier sind z.B. die Hausnummer und die Postleitzahl keine Zahlen, mit denen etwas berechnet werden soll, sondern lediglich Zeichenketten.

Beispiel:
```
nachname = raw_input("Wie ist Ihr Nachname?")
vorname = raw_input("Wie ist Ihr Vorname?")
strasse = raw_input("Straße?")
hnummer = raw_input("Hausnummer?")
plz = raw_input("Postleitzahl?")
print nachname,", ",vorname,", ",plz
```

Wie Sie im Vergleich zu den Beispielen im Kapitel „Zahlen" erkennen können, erfolgt hier keine Typumwandlung, da raw_input() prinzipiell als String einliest. Die Variablen sind nun alle als String gespeichert.

3.3.1.9 Operatoren für Zeichenketten „+" und „*"

Auch bei Zeichenketten können mit Operatoren gearbeitet werden. Mit dem Operator „+" werden Zeichenketten hintereinander gehängt.

Beispiel:

1- *nachname = raw_input("Wie ist Ihr Nachname?")*
2- *vorname = raw_input("Wie ist Ihr Vorname?")*
3- *print nachname + ", " vorname*

Erläuterung:

3 - ", " dient dazu zwischen dem Nachnamen und Vornamen ein Komma und ein Leerzeichen einzufügen. Würde dies weggelassen werden, hätte das Programm den Nachnamen und Vornamen direkt aneinandergehängt.

Beim Operator „*" wird der String vervielfältigt:

Beispiel:

1- nachname = raw_input("Wie ist Ihr Nachname?")
2- print nachname*3

Erläuterung:

Es gibt den Nachnamen dreimal hintereinander aus.

Zwischenübung:

Welche Ausgabe erfolgt bei diesem Programm:

```
nachname = raw_input("Wie ist Ihr Nachname?")
vorname = raw_input("Wie ist Ihr Vorname?")
strasse = raw_input("Straße?")
print nachname*2
print strasse*4
```

Ausgabe:

Übungsaufgaben zu Kapitel 3

Aufgabe 1:

Finden Sie gute Variablennamen für folgende Begriffe:

Temperatur:

Verkaufsmenge:

Einkaufsmenge:

Umsatzsteuer:

Rückzahlungsdifferenz:

Aufgabe 2:

Es soll die Verkaufsmenge als Integer-Zahl eingelesen werden! Welche der dargestellten Programmierungen ist falsch. Korrigieren Sie die Fehler, indem Sie den Code neu schreiben.

a) ```
print "Geben Sie die Verkaufsmenge ein"
vmenge = rawinput()
```

b) ```
print "Geben Sie die Verkaufsmenge ein"
vmenge = rawinput(integer)
```

c) ```
print "Geben Sie die Verkaufsmenge ein"
vmenge = raw_input()
vmenge = int(vmenge)
```

d) ```
print "Geben Sie die Verkaufsmenge ein"
vmenge = int(raw_input)
```

e) ```
vmenge = int(raw_input("Geben Sie die Verkaufsmenge ein"))
```
```

Aufgabe 3:

Welches der angegebenen Ergebnisse wird bei der folgenden Codierung ausgegeben?

```
zahl1 = int(raw_input("Geben Sie die Zahl 1 ein!")
zahl2 = int(raw_input("Geben Sie die Zahl2 ein!")

ergebnis = zahl1 / zahl2

print ergebnis
```

➔ Eingabe: zahl1 = 10, zahl 2 = 4

Ausgabe?

Aufgabe 4:

Welches der angegebenen Ergebnisse wird bei der folgenden Codierung ausgegeben?

```
zahl1 = int(raw_input("Geben Sie die Zahl 1 ein!")
zahl2 = int(raw_input("Geben Sie die Zahl2 ein!")

ergebnis1 = zahl1 % zahl2

ergebnis2=zahl1+zahl2

ergebnis3=zahl1*zahl2

gesErgebnis = ergebnis1 + ergebnis2+ergebnis3

print gesErgebnis
```

➔ Eingabe: zahl1 = 10, zahl 2 = 4

Ausgabe?

4. Strukturierte Daten (am Beispiel von Listen)

Strukturierte Daten können unterschieden werden in:

- Listen
- Dictionaries
- Tupel

Der Unterschied zu „einfachen" Daten ist, dass einer Variable ein Wert in Form eines Textes oder einer Zahl zugewiesen ist. Bei strukturierten Daten besteht der Inhalt einer Variable aus einer Liste Daten, beim Dictionary sind es z.B. Begriffspaare usw.

4.1 Listen

Listen sind eine einfache Form von Datenstrukturen. Es sind Sammlungen von Werte, Texten oder ggf. wieder anderen Listen.

4.1.1 Position in Listen

Die Listenelemente werden mit einem Index durchnummeriert. Der Index beginnt bei 0, d.h. das erste Element der Liste hat nicht den Index mit der Nummer „1", sondern mit der Nummer „0".

Beispiel:

Eingabe in der Shell:

>>>liste = ['Tom', 'Albert', 'Tina']
>>>liste [0]
Tom
>>>liste [1]
Albert
usw.

4.1.2 Verkettung von Listen

Listen lassen sich verketten, d.h. zwei oder mehr Listen werden aneinandergereiht.

Beispiel:

>>>ersteListe = ['Tom', 'Albert', 'Tina']
>>>zweiteListe = ['John', 'Toni', 'James']

>>>ersteListe + zweiteListe

['Tom', 'Albert', 'Tina', 'John', 'Toni', 'James']

4.1.3 Vervielfältigen von Listen

Eine Liste lässt sich bei der Ausgabe mehrfach wiederholen.

Beispiel:

>>>ersteListe = ['Tom', 'Albert', 'Tina']

>>>ersteListe*2

['Tom', 'Albert', 'Tina','Tom', 'Albert', 'Tina']

4.1.2   Länge einer Liste

Die Länge einer Liste, womit mit Länge die Anzahl der Elemente gemeint ist, lässt sich mit dem Befehl „len" feststellen.

Beispiel:
>>>ersteListe = ['Tom', 'Albert', 'Tina']
>>>print len(liste)

Ausgabe:
3

4.1.3 Bestimmung der Position

Soll festgestellt werden, an welcher Position ein bestimmtes Listenelement sich befindet, so kommt die Operation Index zum Einsatz.

Beispiel:
>>>ersteListe = ['Tom', 'Albert', 'Tina']
>>>Print ersteListe.index (Albert)

Ausgabe:
1

Anmerkung: Es ist die zweite Position, Tom hätte den Index 0!

4.1.4 Veränderung von Listen

Eine bestehende Liste zu erweitern ist ebenfalls möglich. Hierzu dient die Operation „append".

Beispiel:
```
>>>ersteListe = ['Tom', 'Albert', 'Tina']
>>>ersteListe.append('Anna')
>>>print ersteListe
[Tom, Albert, Tina, Anna]
```

Die Operation „append" funktioniert jedoch nur mit einem Element. Möchte man mehrere Elemente ergänzen (z.B. eine neue Liste), dann wird mit der Operation „extend" gearbeitet.

Beispiel:
```
>>>ersteListe = ['Tom', 'Albert', 'Tina']
>>>ersteListe.extend(['Anna', 'Olga', 'Emma'])
>>>print ersteListe

['Tom', 'Albert', 'Tina', 'Anna', 'Olga', 'Emma']
```

Dementsprechend können auch Element der Liste gelöscht werden. Jedoch muss man hierzu die Position des Elementes in der Liste kennen. Hierzu verwendet man in Python die Operation „del" (abgeleitet von delete [zu dt.: löschen]).

Beispiel:
```
>>>ersteListe = ['Tom', 'Albert', 'Tina']
>>>del ersteListe[2]
>>>print ersteListe
['Tom', 'Albert']
```

Auch können Teilmengen von Listen ausgegeben werden. Dieses sog. Slicing erfolgt mit Hilfe der Indizes.

Beispiel:
```
>>>zahlenListe = [2,6,5,3,8,9,6,2,3]
>>>zahlenListe =[0:3] // gelesn 0 bis 3

[2,6,5,3]
```

Übungsaufgaben zu Kapitel 4

Aufgabe 1:
Legen Sie eine Liste mit den Vornamen Ihrer Familie an! Ergänzen Sie die Liste mit den Vornamen von Freunden.

Programm:

Aufgabe 2:
Legen Sie eine Liste mit folgenden Städten, geordnet nach dem Alphabet an:
Aachen, Köln, Frankfurt, Berlin, München
Stellen Sie fest auf welcher Listenposition Frankfurt liegt.

Programm:

5. Verzweigungen in Python

5.1 Einfache Verzweigung

Um die sog. "einfache Verzweigung" zu veranschaulichen, verwenden wir ein Ratespiel, das in den folgenden Kapiteln immer komplexer ausgestaltet wird.

Beispiel: „Throw the dice" für Chuck, the Gambler
Zu Beginn möchte ich Ihnen Chuck, the Gambler, ein übler Glücksspieler aus Las Vegas vorstellen. Er möchte von Ihnen ein Computerprogramm in PYTHON, das zufällig die Werte zweier Würfel angibt. Der Gegenspieler soll die Augensumme der Würfel raten. Wer die richtige Zahl errät, erhält 10,- €. Wer falsch rät bezahlt 2,- €.

Bevor die Lösung in Form eines Programmiercodes herunter geschrieben wird. Ist es wichtig, dass das Problem mit Hilfe einer Analyse klar erfasst wird. Hierzu hilft es, das Problem in einem sog. PSEUDO-Code in einzelnen Schritten klar zu beschreiben. Der PSEUDO-Code ist eine „Schritt für Schritt" Beschreibung der Problemlösung, die später in einen Programmiercode überführt werden kann.

Beispiel: Pseudo-Code bei „Throw the dice":

Erkläre Spielregeln *Gegenspieler nennt Ratezahl (zwischen 2 und 12)* *Zwei Zufallszahlen werden generiert* *Die Zufallszahlen werden addiert* *Die Summe der Zufallszahlen wird mit der Ratezahl verglichen* *Wenn die Ratezahl gleich der Zufallszahl ist, dann erhält der Gegenspieler 10,- € (Gewinn), sonst muss er 2,- € bezahlen* *Spiel ist zu Ende*	**Hier besteht eine Verzweigung, im Programm wird eine Entscheidung getroffen!**

Wie Sie am Pseudo-Code erkennen können, enthält die Problemlösung eine Verzweigung. Bei sehr vielen Problemstellungen hängen die weiteren Lösungsschritte somit von Bedingungen ab. In Python können solche Entscheidungen mit **if-Verzweigungen** gelöst werden.

Für das Programmieren ist es zudem hilfreich, die Lösung grafisch mit Hilfe eines Struktogramms (wie in Kapitel 2 vorgestellt) darzustellen. Unser Beispiel hätte damit folgende grafische Darstellung:

Lerntipp: Decken Sie die Grafik erst ab und versuche selbst ein Struktogramm zum Spiel „Throw the dice" zu erstellen.

Throw the dice

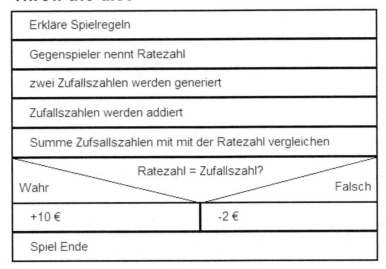

| Erkläre Spielregeln |
| Gegenspieler nennt Ratezahl |
| zwei Zufallszahlen werden generiert |
| Zufallszahlen werden addiert |
| Summe Zufsallszahlen mit mit der Ratezahl vergleichen |

Ratezahl = Zufallszahl?

Wahr   Falsch

| +10 € | -2 € |

Spiel Ende

Nun können wir die Codierung in PYTHON vornehmen:

> **Lernhinweis: Die Zahlen vor den Programmierzeilen gehören nicht zur Programmierung, sondern sollen nur helfen, die einzelnen Programmierschritte zu erläutern.**

Beispiel: Codierung von „Throw the dice" in PYTHON

1)	`#throw the dice`
2)	`import random`
3)	`print "Raten Sie die Zahl der Würfel, die Augen der beiden Würfel werden addiert"`
4)	`ratezahl = int(raw_input("Rate die Summe der Würfelaugen!"))`
5)	`wuerfel1 = random.randint(1, 6)`
	`wuerfel2 = random.randint (1, 6)`
6)	`summe = wuerfel1 + wuerfel2`
7)	`if ratezahl == summe:`
	`    print "Super, du bekommst 10,-€"`
	`else:`
	`    print "Leider verloren, du musst 2,- € bezahlen!"`

(Das Programm wird noch weiterentwickelt, bitte immer Beispielprogramme in PYTHON IDLE 2.7.5 abtippen)

Hier die Erläuterung der einzelnen Schritte:
1) Nennung des Programmtitels, keine eigentliche Programmierung
2) Import des **Moduls „random"** zur Generierung von Zufallszahlen.
3) Das Spiel wird erläutert, über den **print-Befehl** wird der nachfolgende Text am Bildschirm angezeigt.
4) Eingabe der Ratezahl über den **Input-Befehl** (Nutzer kann über Tastatur eingeben), der Wert wird auf die Variable „ratezahl" gelegt .4
5) Die Zufallszahlen für Würfel 1 und Würfel 2 werden generiert.
6) Die Summe wird gebildet (einfache arithemtische Berechnung mit der **Variablen „summe"**)

7) Verzweigung **(if..)**: Es wird die Bedingung geprüft: Falls die Ratezahl der Summe entspricht, dann Ausgabe am Bildschirm „Super , du bekommst 10,- €", sonst **(else)** die Ausgabe „Leider verloren, du musst 10,- € bezahlen.

Lernhinweis: Gleichheitszeichen (Programmierzeile 5 und Programmierzeile 7). Ein einfaches Gleichheitszeichen (**wuerfel1 = random.randint(1, 6)**) bedeutet, dass die Variable einen Wert zugewiesen bekommt. Das doppelte Gleichheitszeichen (**==**) bedeutet, dass es hier um einen Vergleich, also um das Prüfen einer Bedingung geht!

Im Allgemeinen gilt für die einfache Verzweigung in PYTHON folgende Syntax:

if ... Bedingung   :   **statement**
else: **statement**

Lernhinweis: Nach der Bedingung in der if-Zeile wird immer **ein Doppelpunkt** gesetzt (Fehlerquelle!), das anschließende Statement muss vier Leerzeichen eingerückt sein (sonst Fehlermeldung). Dies gilt analog für den else-Zweig! Pyhton zwingt dadurch zu einer sauberen und klar strukturierten Programmierung (bei anderen Programmiersprachen muss nicht eingerückt werden, was jedoch gerade bei Mehrfachverzweigungen schnell unübersichtlich wird).

Übungsaufgaben zu Kapitel 5.1

Aufgabe 1:
Erstellen Sie für folgendes Problem ein
- a) Pseudo-Code
- b) Struktogramm
- c) Programm in Python

Problem:

Beim Online-Shop für Tierfutter soll je nach Bestellwert ein Rabatt gewährt werden. Ist der Bestellwert über 2.000,- €, dann wird ein Rabatt von 5 % gewährt. Ist der Bestellwert gleich oder niedriger als 2.000,- € wird kein Rabatt gewährt. Dann soll abgefragt werden ob der Kunde in Süd-Deutschland wohnt oder in Nord-Deutschland. Wohnt der Kunde in Süd-Deutschland wird der Rechnung ein Porto von 12,- € zugeschlagen, wohnt der Kunde in Nord-Deutschland wird ein Porto von 18,- € zugeschlagen. Am Ende soll das Programm den Gesamtrechnungsbetrag ausgeben!

a) Pseudo-Code:

b) Struktogramm

c) Programm:

Übertragen Sie das Programm in die IDLE und testen Sie den Erfolg!

Aufgabe 2:

Erstellen Sie für folgendes Problem ein

    a) Pseudo-Code

    b) Struktogramm

    c) Programm in Python

Problem:

Sie sollen eine Software erstellen, die den Gesundheitszustand des Nutzers erfasst. Ist der Nutzer Nichtraucher erhält er zwei Bonuspunkte, ist er Sportler erhält er drei Bonuspunkte, lebt der Nutzer auf dem Land erhält er einen Bonuspunkt, lebt er in der Stadt werden zwei Punkte abgezogen. Trinkt er jeden Tag Alkohol werden ebenfalls zwei Punkte abgezogen, trinkt er nicht jeden Tag Alkohol gib es einen Bonuspunkt. Die Gesamtzahl der Punkte soll ausgewiesen werden. Ist die Punktzahl über 5 Punkten soll die Bildschirmausgabe lauten: „Sie haben einen gesunden Lebensstil!".

a) Pseudo-Code:

b) Struktogramm

c) Programm:

Übertragen Sie das Programm in die IDLE und testen Sie den Erfolg!

5.2 Mehrfache Verzweigung

Im vorigen Kapitel haben wir einfache Verzweigungen (IF…) behandelt. Bei vielen Problemlösungen greift die einfache Verzweigung jedoch zu kurz, sondern muss geschachtelt werden. Das bedeutet, dass innerhalb der Verzweigung eine weitere Verzweigung eröffnet wird.

Beispiel:
Wir gehen wieder zu unserem Spiel „Throw the dice" von Chuck, the Gambler! Er hat sich – um das Spiel spannender zu gestalten – eine neue Wendung überlegt. Die Grundidee des Spiels bleibt gleich, jedoch soll der Gegenspieler mehr Gewinnchancen haben. So soll im Falle, dass die Ratezahl gleich der Würfelsumme ist, ein Gewinn von 10,- € ausgezahlt werden. Entspricht die Ratezahl der Würfelsumme abzüglich des Wertes 1 (Summe-1), so sollen noch 6,-€ ausgezahlt werden. Verliert der Gegenspieler, so muss er bei diesem Spiel 3,-€ bezahlen.

Die grafische Darstellung mit Hilfe eines Struktogramms: (Lerntipp: Decken Sie das Struktogramms erst ab und versuchen es selbst!)

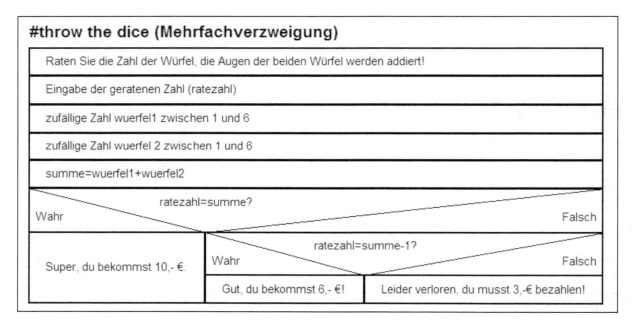

Beispiel: **Codierung von „Throw the dice" in PYTHON**	

1)
 2)
 	
 3)
 4)
 5)
 6)
 7)
 8)
 	
 9)
 10)
 12)
 13)
 14)
 15)
	`#throw the dice`
	 `import random`
	
	 `print "Raten Sie die Zahl der Würfel, die Augen der beiden Würfel werden addiert"`
	 `ratezahl = raw_input("Rate die Summe der Würfelaugen!")`
	 `ratezahl = int(ratezahl)`
	 `wuerfel1 = random.randint(1, 6)`
	 `wuerfel2 = random.randint (1, 6)`
	 `summe = wuerfel1 + wuerfel2`
	
	 `if ratezahl == summe:`
	 `    print "Super, du bekommst 10,-€"`
	 `elif ratezahl == summe-1:`
	 `        print "Gut, du bekommst 6,-€"`
	 `else:`
	 `    print "Leider verloren, du musst 3,- € bezahlen!"`

	(Dieses Programm wird noch weiterentwickelt, bitte immer Beispielprogramme in PYTHON IDLE 2.7.x abtippen)

Hier die Erläuterung der einzelnen Schritte:
1) Nennung des Programmtitels, keine eigentliche Programmierung
2) Import des **Moduls „random"** zur Generierung von Zufallszahlen (dazu in Kap. X.x. mehr)
3) Das Spiel wird erläutert, über den **print-Befehl** wird der nachfolgende Text am Bildschirm angezeigt.
4) Eingabe der Ratezahl über den **Input-Befehl** (Nutzer kann über Tastatur eingeben), der Wert wird auf die Variable „ratezahl" gelegt.
5) Umwandlung der Variable in einen Integer-Wert.
6) Die Zufallszahl für Würfel 1 wird generiert.
7) Die Zufallszahl für Würfel 1 wird generiert.
8) Die Summe wird gebildet (einfache arithmetische Berechnung mit der **Variablen „summe")**
9) Verzweigung **(if..):** Es wird die Bedingung geprüft: Falls die Ratezahl der Summe entspricht,
10) dann Ausgabe am Bildschirm „Super , du bekommst 10,- €",
11) Sonst:
12) Die Ratezahl wird mit der Summe minus 1 abgeglichen.
13) Ausgabe „Gut, du bekommst 6,- €!"
14) Sonst:
15) Du musst 3,- € bezahlen!

Im Allgemeinen gilt für die mehrfache Verzweigung in PYTHON folgende Syntax:

```
if ... Bedingung  :
    statement
elif:
    statement
elif:
   statement
else:
    statement
```

Übungsaufgaben zu Kapitel 5.2

Aufgabe 1:

Erstellen Sie für folgendes Problem ein

a) Pseudo-Code
b) Struktogramm
c) Programm in Python

Problem:

Ein Online-Händler möchte seinen umsatzstärksten Kunden am Ende des Jahres einen Treuebonus gewähren. Deshalb soll der Umsatz der Kunden entsprechend ausgewertet werden (Eingabe über die Tastatur).

Ist der Umsatz über 50.000,-€, dann erhält der Kunde einen Warengutschein von 2.000,-€, liegt der Umsatz jedoch über 100.000,-€, dann erhält der Kunde 3 % seines Umsatzes plus dem 2.000,-€ Warengutschein.

a) Pseudo-Code:

b) Struktogramm

c) Programm:

Aufgabe 2:

Erstellen Sie für folgendes Problem ein
   a) Pseudo-Code
   b) Struktogramm
   c) Programm in Python

Problem:

Es soll ein Programm erstellt werden, das prüft, ob drei Koordinatenpunkte in einem Koordinatensystem auf der gleichen Gerade sind. Es soll die Gerade berechnen und dann die 3. Koordinate prüfen, ob sie ebenfalls auf dieser Geraden liegt.

*Hinweis: y = m*x+b*

m = Steigung, b = 0-Punkt auf der y-Achse (x=0)

m = (y2-y1) / (x2 – x1)

Berechne zunächst m und b, damit sich die Funktion ergibt. Setze dann die 3. Koordinate in die Funktion ein.

Hinweis: Den Wert „b" können Sie bei der Programmierung durch Einsetzen der 1. Koordinate in die umgestellte Gleichung der Geraden errechnen.

a) Pseudo-Code:

b) Struktogramm:

c) Programm:

Aufgabe 3:

Erstellen Sie für folgendes Problem ein

    a)   Struktogramm

    b)   Programm in Python

Problem:

Erstellen Sie ein Programm, nach dem sich nach entsprechenden Eingaben der BMI berechnen lässt, und anschließend aufgrund des BMI eine entsprechende Einschätzung ausgibt.

Der Body-Mass-Index wird folgendermaßen berechnet:

BMI = (Gewicht in kg) / (Körpergröße in m)^2

Dabei gelten (vereinfacht) folgende Kategorien:

BMI > 30	Übergewicht, das die Gesundheit belasten kann
BMI 26 - 30	erhöhtes Gewicht
BMI 18 - 25	Optimalbereich
BMI unter 18	Untergewicht, das die Gesundheit belasten kann

Hilfe zur Umsetzung: Quadrieren können Sie ganz einfach durch zweimal schreiben der Variablen → b^2 = b*b

a) Struktogramm:

b) Programm:

Aufgabe 4:

Erstellen Sie für folgendes Problem ein

- a) Struktogramm
- b) Programm in Python

Erstellen Sie ein Programm, das nach Eingabe der Blutdruckwerte ausgibt, ob es sich um einen normalen, hohen oder niedrigen Blutdruck handelt:

Folgende Fachinfo soll Ihnen helfen:

Der Blutdruck wird in der Regel in mmHg (Millimeter Quecksilbersäule) gemessen und besteht aus zwei Werten, dem systolischen (ersten) und dem diastolischen (zweiten) Wert.

Zur Bestimmung des Blutdrucks werden der systolische und der diastolische Blutdruck eingegeben. Ein Blutdruck von 120 zu 80 gilt bei Erwachsenen nach derzeitigem Stand der Wissenschaft als optimal. Die Blutdruck-Tabelle gibt an, ab welchen Werten der Blutdruck zu hoch oder zu niedrig ist – abhängig vom Alter.

(Quelle: https://www.blutdruckdaten.de/lexikon/blutdruck-normalwerte.html)	Systolisch (mmHg)	Diastolisch (mmHg)
optimaler Blutdruck	< 120	< 80
normaler Blutdruck	120-129	80-84
hoch-normaler Blutdruck	130-139	85-89
milde Hypertonie (Stufe 1)	140-159	90-99
mittlere Hypertonie (Stufe 2)	160-179	100-109
schwere Hypertonie (Stufe 3)	>= 180	>= 110

a)Struktogramm:

b) Programm:

Aufgabe 5:

Erstellen Sie für folgendes Problem ein

    a)   Struktogramm

    b)   Programm in Python

Problem:

Der Satz des Pythagoras ist einer der grundlegenden Sätze der Geometrie. Er sagt aus, dass in allen ebenen rechtwinkligen Dreiecken die Summe der Flächeninhalte der Kathetenquadrate gleich dem Flächeninhalt des Hypotenusenquadrates ist. Die Seiten a und b sind die Längen der am rechten Winkel anliegenden Seiten, der Katheten, und c die Länge der dem rechten Winkel gegenüberliegenden Seite, der Hypotenuse, dann lautet der Satz als Gleichung ausgedrückt:

$$a^2 + b^2 = c^2$$

Erstellen Sie ein Programm, das zunächst feststelle, welche Werte (a, b oder c) vorhanden sind. Das Programm soll dem Nutzer auch nochmal erklären, um welche Seiten des Quadrates es sich bei a, b oder c handelt.

Anschließend soll das Programm feststellen, ob es sich um ein rechtwinkliges Dreieck handelt.

a) Struktogramm:

b) Programm:

Aufgabe 6:

Streichen Sie in dem Programm alle Fehler, schreiben Sie anschließend in der untenstehenden Tabelle das Programm noch einmal fehlerfrei auf. Das fehlerfreie Programm soll dann in der IDLE abgetippt werden und getestet werden. (Bitte nicht direkt abtippen!)

VORSICHT FEHLER!

zahl_eins = rawinput(„Geben Sie *die* erste Zahl ein!")
Zahl_eins = int(zahl)
zahl_zwei = raw__input("Geben Sie die zweite Zahl ein!")
zahl_zwei = int(zahl_zwei)
if zahl_zwei = zahl_eins
print „"Volltreffer
elif:
print"die zweite zahl ist größer als die erste Zahl"
else:
print"die erste Zahl ist größer als die zweite Zahl!!

FEHLERFREIE VARIANTE:

5.3 Schleifen (loops)

Neben Verzweigungen spielen Schleifen in der Programmierung eine wichtige Rolle. Mit Hilfe von Schleifen können beispielsweise Berechnungen der gleichen Art mehrmals durchlaufen werden. In der Schleife wird dabei eine Bedingung formuliert, die bestimmt, wann die Schleife verlassen werde kann. Es werden zwei Typen von Schleifen unterschieden:

- Die For-Schleife
- Die While-Schleife

Die For-Schleife wird verwendet, wenn direkt bei der Anwendung klar ist, wie oft die Schleife wiederholt werden soll. Bei der While-Schleife hingegen wird erst durch die Eingabe des Nutzers klar, ob und wie oft dieser Programmschritt durchlaufen werden soll.

5.3.1 Die For-Schleife
Wie bereits erwähnt, wird die For-Schleife verwendet, wenn bei der Anwendung bereits klar ist, wie oft die Schleife durchlaufen werden soll.

Beispiel:
Wir gehen wieder zu unserem Spiel „Throw the dice" von Chuck, the Gambler! Er hat sich nun überlegt, dass es immer drei Durchgänge des Spiels geben soll.

Codierung von „Throw the dice" in PYTHON mit einer For-Schleife	
1) 2)	#throw the dice import random
3)	for zaehler in [1,2,3]:

4)	print "Raten Sie die Zahl der Würfel, die Augen der beiden Würfel werden addiert, wir spielen dreimal"
5)	ratezahl = raw_input("Rate die Summe der Würfelaugen!")
6)	ratezahl = int(ratezahl)
7)	wuerfel1 = random.randint(1, 6)
8)	wuerfel2 = random.randint (1, 6)
9)	summe = wuerfel1 + wuerfel2
10)	if ratezahl == summe:
11)	print "Super, du bekommst 10,-€"
12)	elif ratezahl == summe-1:
13)	print "Gut, du bekommst 6,-€"
14)	else:
15)	print "Leider verloren, du musst 3,- € bezahlen!"
	(Das Programm wird noch weiterentwickelt, bitte immer Beispielprogramme in PYTHON IDLE 2.7.x abtippen)

Hier die Erläuterung der einzelnen Schritte:

1) Nennung des Programmtitels, keine eigentliche Programmierung
2) Import des **Moduls „random"** zur Generierung von Zufallszahlen
3) Die For-Schleife wird eingeleitet, es sind drei Durchläufe vorgesehen!
4) Das Spiel wird erläutert, über den **print-Befehl** wird der nachfolgende Text am Bildschirm angezeigt.
5) Eingabe der Ratezahl über den **Input-Befehl** (Nutzer kann über Tastatur eingeben), der Wert wird auf die Variable „ratezahl" gelegt.
6) Umwandlung der Variable in einen Integer-Wert.
7) Die Zufallszahl für Würfel 1 wird generiert.
8) Die Zufallszahl für Würfel 1 wird generiert.
9) Die Summe wird gebildet (einfache arithmetische Berechnung mit der **Variablen „summe")**
10) Verzweigung **(if..)**: Es wird die Bedingung geprüft: Falls die Ratezahl der Summe entspricht,
11) dann Ausgabe am Bildschirm „Super, du bekommst 10,- €",
12) Sonst: Die Ratezahl wird mit der Summe minus 1 abgeglichen.
13) Ausgabe „Gut, du bekommst 6,- €!"
14) Sonst:
15) Du musst 3,- € bezahlen!

Im Allgemeinen gilt für die mehrfache Verzweigung in PYTHON folgende Syntax:

for … zähler (Zahlenbereich) :   **statement**

Wichtig: Das „statement" wird wieder in Bezug auf „for" um vier Leerstellen eingerückt.

5.3.1.1 Die „For-Schleife" in Einer-Schritten

Häufig wird die For-Schleife für größere Bereiche in „Einer"-Schritten durchlaufen, so dass die Schreibweise der einzelnen Zahlen zu aufwendig wird. Hier hilft die Funktion „range()".

Der englische Begriff „range" bedeutet auf Deutsch „Bereich". Die Funktion range() bestimmt also den Bereich, den die Schleife mit dem Zähler durchlaufen soll.

Die Syntax in der Klammer hat eine eigene Bedeutung, stehen nur zwei Zahlen in der Klammer, so wird der Zähler in „Einer"-Schritten diesen Bereich durchlaufen.

Beispiel:
for zaehler in range (1,4):
* print "Dies ist ein Test"*
print ()

Ergibt die Ausgabe:
Dies ist ein Test
Dies ist ein Test
Dies ist ein Test

Wichtig: Der Bereich „range" muss immer um eins mehr erhöht sein als Durchläufe intendiert sind. Im obigen Beispiel ist ein dreimaliger Durchlauf zu erwarten, die Obergrenze muss also immer um eins erhöht sein!

5.3.1.2 Die „for-Schleife" mit Intervall-Schritten

Werden drei Zahlen in die Klammer der Funktion range() geschrieben, dann gibt die dritte Zahl die Schrittfolge des Zählers an.

Beispiel:

for x in range (2,20,2):
   print x
print ()

Ausgabe:
2
4
6
8

Zwischenübung:
Welche Ausgabe erfolgt bei diesem Programm:

 # berechnung
x = 0
for zaehler in range (1,6):
  x = x+zaehler
  print "x beträgt: ", x

Ausgabe:

Zwischenübung:
Erstellen Sie ein Programm für folgende Problemstellung

Sie wollen die Zahlen 1 bis 20 als Summe aufaddieren. Start ist mit dem Wert gleich Null. Die Lösung soll mit Hilfe einer For-Schleife umgesetzt werden.

Programm:

Übungsaufgaben zu Kapitel 5.3

Aufgabe 1:

Mit Hilfe einer For-Schleife, die mit Intervallen arbeitet sollen die olympischen Jahreszahlen, beginnend mit dem Jahr 2016, bis 2200 berechnet werden.

Programm:

Aufgabe 2:

Problem:

Sie wollen die „Fünfer"-Reihe, von 5 bis 50 dargestellt haben, erstellen Sie hierzu bitte den Code.

Programm:

Übertragen Sie das Programm in die IDLE und testen Sie den Erfolg!

Aufgabe 2:

Problem:

Sie wollen die Lösungen des kleinen Einmal-Eins für die Zahlen 1 bis 10 ausgeben.

Programm:

Aufgabe 3:

Problem:

Lernprogramm: Ein Grundschüler soll in ein Programm eingeben können, für welche Zahl er das kleine Einmaleins ausgegeben haben möchte. Erstellen Sie hierzu einen Python-Code.

Programm:

Aufgabe 4:

Problem:

Verzinsung: Sie werden als Python-Programmierer gefragt ein Programm zu erstellen, das für einen vom Benutzer einzugebenden Zeitraum, die Verzinsung sowie pro Jahr das neue Kapital ausgibt. Der Nutzer soll den anzulegenden Geldbetrag sowie die Zeitdauer der Anlage und den Zins (Prozent) eingeben. Die Ausgabe soll pro Jahr angeben, wie hoch die Verzinsung ist und wie hoch der neue Anlagebetrag ist.

Erstellen Sie für folgendes Problem ein
- a) Pseudo-Code
- b) Struktogramm
- c) Programm in Python

a) Pseudo-Code:

b) Struktogramm:

c) Programm:

5.4 Die „while-Schleife"

Bei der while-Schleife ergibt erst durch Anwendung des Programms der Schleifenabbruch, in dem eine bestimmte Bedingung formuliert ist.

Beispiel:

Wir gehen wieder zu unserem Spiel „Throw the dice" von Chuck, the Gambler! Er hat sich nun überlegt, dass der Gegenspieler durch Eingabe von „99" für „Nein", die Spielwiederholungen beenden kann.

Codierung von „Throw the dice" in PYTHON mit einer while-Schleife	
1)	#throw the dice
2)	import random
3)	while spielwiederholung < 99:
4)	print "Raten Sie die Zahl der Würfel, die Augen der beiden Würfel werden
5)	addiert, wir spielen dreimal!"
	ratezahl = raw_input("Rate die Summe der Würfelaugen!")
6)	ratezahl = int(ratezahl)
7)	wuerfel1 = random.randint(1, 6)
8)	wuerfel2 = random.randint (1, 6)
9)	summe = wuerfel1 + wuerfel2
10)	if ratezahl == summe:
11)	print "Super, du bekommst 10,-€"
12)	elif ratezahl == summe-1:
13)	print "Gut, du bekommst 6,-€"
14)	else:
15)	print "Leider verloren, du musst 3,- € bezahlen!"
16)	
17)	spielwiederholung = raw_input("Geben Sie '99' ein, um das Spiel abzubrechen! ")
	(Das Programm wird noch weiterentwickelt, bitte immer Beispielprogramme in PYTHON IDLE 2.7.5 abtippen)

1) Nennung des Programmtitels, keine eigentliche Programmierung
2) Import des **Moduls „random"** zur Generierung von Zufallszahlen (dazu in Kap. X.x. mehr)
3) Der Variablen „spielwiederholung" wird der Wert „0" zugewiesen!
4) Die For-Schleife wird eingeleitet, es gilt die Bedingung, solange die Variable „sipielwiederholung" kleiner den Wert „99" hat wird sie durchgeführt.
5) Das Spiel wird erläutert, über den **print-Befehl** wird der nachfolgende Text am Bildschirm angezeigt.
6) Eingabe der Ratezahl über den **Input-Befehl** (Nutzer kann über Tastatur eingeben), der Wert wird auf die Variable „ratezahl" gelegt.
7) Umwandlung der Variable in einen Integer-Wert.
8) Die Zufallszahl für Würfel 1 wird generiert.
9) Die Zufallszahl für Würfel 1 wird generiert.
10) Die Summe wird gebildet (einfache arithmetische Berechnung mit der **Variablen „summe"**)
11) Verzweigung **(if..):** Es wird die Bedingung geprüft: Falls die Ratezahl der Summe entspricht,
12) dann Ausgabe am Bildschirm „Super, du bekommst 10,- €",

13) Sonst: Die Ratezahl wird mit der Summe minus 1 abgeglichen.
14) Ausgabe „Gut, du bekommst 6,- €!"
15) Sonst:
16) Du musst 3,- € bezahlen!
17) Am Ende der Schleife wird abgefragt, ob der Spieler das Spiel abbrechen möchte, dann müsste er die Zahl „99" eingeben.

Übungsaufgaben zu Kapitel 5.4

Aufgabe 1:

Problem:

Erstellen Sie ein Programm mit einer while-Schleife. Es sollen Zahlen eingeben werden, solange bis die Summe dieser Zahlen „500" erreicht!

Programm:

Aufgabe 2:

Problem:

Erstellen Sie ein Programm, das zu dem eingegebenen Geldbetrag den Jahreszins errechnet (Jahreszins ebenfalls über Eingabe). Das Programm soll die Berechnungen der Zinsen „zählen" bis sich das Kapital verdoppelt hat. Hinweis: Zähler verwenden!

Programm:

6. Funktionen

6.1 Grundlage

Sobald Programme größer und komplexer werden, ist es notwendig, sie in kleinere, übersichtliche Teile zu zerlegen und aufzuteilen, damit sie zum einen leichter zu schreiben sind, zum anderen die Fehlersuche sich auch einfacher gestaltet. Eine Möglichkeit Programme in Unterprogramme aufzuteilen bieten die sog. Funktionen. Funktionen haben den Vorteil, dass sie nur einmal programmiert werden müssen, aber mehrmals in einem Programm aufgerufen werden können.

Funktion ohne Parameter (einfache Funktion)

Eine Funktion ohne Parameter (einfache Funktion) führt bei ihrem Aufruf im Programm immer die gleiche Aktion aus. „Ohne Parameter" bedeutet, dass sie keine Werte aus dem Programm zugewiesen bekommt, sondern nur eine Aktion ausführt.

Beispiel:

Eine Funktion soll zwischen verschiedenen Berechnungen jeweils einen Trennstrich, sowie den Text „nächste Berechnung:" schreiben.

Codierung der Funktion:	
	#Funktion ohne Parameter
1)	*def trennstrich():*
2)	*print ("-------------------")*
3)	*print ("nächste Berechnung:")*
4)	*print ("-------------------")*
	(...)

Erläuterung der einzelnen Schritte:
1) *Definition der Funktion*
2) *Ausgabe der Trennstriche*
3) *Ausgabe des Textes „nächste Berechnung"*
4) *Ausgabe der Trennstriche*

Diese Funktion lässt sich dann im Hauptprogramm einbetten:

Codierung Hauptprogramm:	
1)	*for i in range (1,5):*
2)	*x=i*5*
3)	*print x*
4)	*trennstrich()*

Erläuterung der einzelnen Schritte:
1) *Eröffnung der For-Schleife mit 4 Durchläufen*
2) *Berechnung: x ist gleich Zähler multipliziert mit 5*
3) *Ausgabe des Wertes von x*
4) *Eingliederung der Funktion (ergibt in der Ausgabe dann die Trennstrichte etc.)*

Ausgabe:

```
7% Python 2.7.5 Shell

File   Edit   Shell   Debug   Options   Windows   Help

Python 2.7.5 (default, May 15 2013, 22:43:36)
32
Type "copyright", "credits" or "license()" fo:
>>> ================================ RESTART
>>>
5
------------------
nächste Berechnung:
------------------
10
------------------
nächste Berechnung:
------------------
15
------------------
nächste Berechnung:
------------------
20
------------------
nächste Berechnung:
------------------
>>>
```

6.1 Funktionen mit einem Parameter

Bei einer Funktion mit Parameter, benötigt die Funktion aus dem Hauptprogramm einen Wert, den sie dann weiterverarbeitet. Die Funktion kann dann mit jedem Aufruf neu ausgeführt werden.

Beispiel:
Für ein Programm brauchen wir immer wieder eine Funktion, die die Mehrwertsteuer berechnet, wenn der Nettopreis eingegeben wird.

Codierung der Funktion:	
	#Mehrwertsteuer und Bruttopreis
1)	*def mehrwertsteuer (nettoPreis):*
2)	*bruttoPreis = nettoPreis*1.19*
3)	*print "Der Bruttopreis beträgt:", bruttoPreis*
	(...)

Erläuterung der einzelnen Schritte:
1) *Definition der Funktion mit der Bezeichnung „mehrwertsteuer", der in Klammern angegebene Parameter wird für die Berechnung weiterverwendet.*
2) *Berechnung des Bruttopreises (Nettopreis wird mit 1,19 multipliziert) (Anm.: Es wird der Mehrwertsteuersatz von 19 % verwendet.)*
3) *Ausgabe des errechneten Bruttopreises*

Die Funktion lässt sich dann im Hauptprogramm einbetten und weiterverarbeiten.

Codierung im Hauptprogramm:	
	#Mehrwertsteuer und Bruttopreis
1)	*nettoPreis = float(raw_input("Geben Sie den Nettopreis ein!")*
2)	*mehrwertsteuer(nettopreis)*
	(...)

Erläuterung der einzelnen Schritte:
1) *Der Nettopreis muss durch den Nutzer eingegeben werden. Es wird eine Float-Variable dafür bereitgehalten.*
2) *Der Wert der Variablen wird an die Funktion „mehrwertsteuer" übergeben.*

6.2 Funktionen mit mehreren Parametern

Es ist auch möglich, dass eine Funktion mehrere Parameter verarbeitet.

Beispiel:
Für ein Programm brauchen wir immer wieder eine Funktion, die die Mehrwertsteuer berechnet, wenn der Nettopreis eingegeben wird. Der Mehrwertsteuersatz muss ebenfalls als Dezimalzahl eingegeben werden.

Codierung der Funktion:	
	#Mehrwertsteuer und Bruttopreis
1)	def mehrwertsteuer (nettoPreis, mWst):
2)	bruttoPreis = nettoPreis*(1+mWst)
3)	print "Bruttopreis:", bruttoPreis
	(...)

Erläuterung der einzelnen Schritte:
1) *Definition der Funktion mit der Bezeichnung „mehrwertsteuer", die in Klammern angegebenen Parameter werden für die Berechnung weiterverwendet.*
2) *Der Bruttopreis wird errechnet. Der Faktor mit dem der Nettopreis eingegeben wird ergibt sich aus der Dezimalzahl des Mehrwertsteuersatzes plus 1.*
3) *Der Bruttopreis wird ausgegeben.*

Die Funktion lässt sich dann im Hauptprogramm einbetten und weiterverarbeiten.

Codierung im Hauptprogramm	
	#Mehrwertsteuer und Bruttopreis
1)	nettoPreis = float(raw_input("Geben Sie den Nettopreis ein!")
2)	mWst=float(raw_input("Geben Sie die Mehrwertsteuer ein!")
3)	mehrwertsteuer(nettoPreis,mWst)
	(...)

6.3 Funktion mit Rückgabewert

Funktionen dienen oft der Berechnung von Werten, die im Programm weiterverarbeitet werden, jedoch nicht auf dem Bildschirm ausgegeben werden müssen. Der „print"-Befehl in der Funktion, der das Ergebnis anzeigt, entfällt damit. Stattdessen kommt der Befehl „return" ins Spiel, der den Wert zur Weiterverarbeitung an das Hauptprogramm gibt.

Beispiel:

Der Bruttopreis wird aus Nettopreis plus Mehrwertsteuer berechnet. Das Programm soll aber den Preis (neuerPreis) mit einer fünfprozentigen Preissteigerung ausgeben.

Codierung der Funktion:	
	#Mehrwertsteuer und Bruttopreis
1)	*def mehrwertsteuer (nettoPreis, mWst):*
2)	*bruttoPreis = nettoPreis*(1+mWst)*
3)	*return bruttoPreis*
	(...)

Die Funktion lässt sich dann im Hauptprogramm einbetten und weiterverarbeiten.

Erläuterung der einzelnen Schritte:

1) *Definition der Funktion mit der Bezeichnung „mehrwertsteuer", die in Klammern angegebenen Parameter werden für die Berechnung weiterverwendet.*

2) *Der Bruttopreis wird errechnet. Der Faktor mit dem der Nettopreis eingegeben wird ergibt sich aus der Dezimalzahl des Mehrwertsteuersatzes plus 1.*

3) *Der Bruttopreis wird nicht ausgegeben, sondern mit dem Befehl „return" an das Hauptprogramm zur Weiterverarbeitung gegeben.*

Codierung im Hauptprogramm:	
	#Mehrwertsteuer und Bruttopreis
1)	*nettoPreis = float(raw_input("Geben Sie den Nettopreis ein!")*
2)	*mWst=float(raw_input("Geben Sie die Mehrwertsteuer ein!")*
3)	*mehrwertsteuer(nettoPreis,mWst)*
4)	*neuerPreis=bruttoPreis*1.05*
	(...)

Übungsaufgaben zu Kapitel 6

Aufgabe 1:

Problem:

Erstellen Sie ein Programm, in dem das kleine Einmaleins mit einer For-Schleife berechnet wird. Nach jedem Schleifendurchlauf soll eine Funktion eine „Sternchenline", bestehend aus 10 Sternen (→ **********) einfügen.

Programm:

Aufgabe 2:

Problem:

Erstellen Sie ein Programm, das eine Zahl (z1) einliest. Die Funktion soll die Zahl mit den Integer-Werten 1 bis 5 multiplizieren und die Ergebnisse hinschreiben.

Programm:

Aufgabe 3:

Problem:

Erstellen Sie ein Programm, das vier Werte einliest. Eine Funktion soll diese vier Werte einlesen und daraus den Mittelwert bilden. Im Hauptprogramm soll dieser Mittelwert mit der Zahl 50 verglichen werden. Liegt die Zahl unter 50, soll die Ausgabe „Wert unter 50" sein. Liegt die Zahl über 50, soll die Ausgabe „Wert übe 50" sein. Ist der Wert gleich 50, soll die Ausgabe „Treffer!" sein.

Programm:

7. GUI- Graphical User Interface – Einführung

Bisher wurde die Eingabe nur im PYTHON IDLE-Fenster vorgenommen. Moderne Computer-programme halten jedoch für den Nutzer eine Programmoberfläche bereit, die die Nutzung des Programmes durch Schaltflächen (Buttons), Textfelder oder Eingabezellen intuitiv einfacher macht. Ein erster Schritt für den angehenden PYTHON-Programmierer, ist das PYTHON-Modul EasyGui, mit dem sehr schnell und einfach eine anschauliche Benutzeroberfläche gestaltet werden kann.

7.1 Gui-Messagebox

Wenn nun EasyGui im Programm verwendet werden soll, dann wird (wie zuvor das Modul Random) es zu Beginn des Programm-Codes importiert:

>>> import easygui
Nun können im Programm-Code die Funktionen des Moduls EasyGui verwendet werden.

Beispiel:

Codierung im Hauptprogramm:	
	(...)
1)	*import easygui*
2)	*easygui.msgbox("Ich wünschen Ihnen einen schönen Tag")*

Erläuterung der einzelnen Schritte:
1) *Das Modul easygui wird in das Programm importiert.*
2) *Die Messagebox soll den Text „Ich wünsche einen schönen Tag" ausgeben!*

Ergibt:

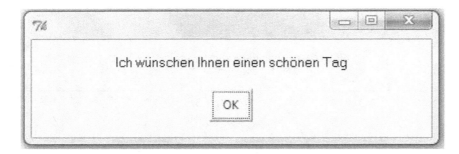

EasyGui stellt damit auf einfache und ansprechende Weise Nachrichtenfelder bereit, die in eigenen Windows-Fenstern angezeigt werden.

7.2 EasyGui Buttonbox

Auch die Eingabe von Daten für ein Programm lässt sich über EasyGui gestalten:
Über die Funktion „buttonbox" lässt sich ein Fenster erstellen, das dem Benutzer verschiedene Antwortalternativen in Form von Buttons zur Auswahl gibt. Der Nutzer klickt seine Wahl an und eine Variable wird mit dieser Wahl belegt.

Beispiel:

Codierung:	
	#Mehrwertsteuer und Bruttopreis
1)	*import easygui*
2)	*auswahl = easygui.buttonbox("Was ist Ihre Lieblingsfarbe?", choices = ['blau', 'rot', 'grün'])*
3)	*easygui.msgbox ("Deine Lieblingsfarbe ist" + auswahl)*
	(...)

Erläuterung der einzelnen Schritte:
1) *Das Modul easygui wird in das Programm importiert.*
2) *Der Variablen „auswahl" wird der Wert der angebotenen Choices zugewiesen. Die Zuweisung erfolgt über Buttons (siehe Grafik unten), die angeklickt werden können.*
3) *Die Messagebox gibt den Text aus sowie den Wert der Variablen „auswahl".*

Ergibt:

Zwischenübung:

Erstellen Sie ein Programm, das EasyGui verwendet. Es soll eine Auswahlabfrage darstellen, welchen Kaffee ein Nutzer möchte (Kaffee, Cappuccino, Espresso etc.).
Dann soll die Auswahl per Messagebox wieder ausgegeben werden.

Ausgabe:

7.3 EasyGui Choicebox

Neben der Buttonbox stellt EasyGui auch eine Choicebox bereit, wo der Nutzer
Alternativantworten auswählen kann

Beispiel:

Codierung:	
	(...)
1)	*import easygui*
2)	*auswahl = easygui.choicebox("Was ist Ihre Lieblingsfarbe?", choices = ['blau', 'rot', 'grün'])*
3)	*easygui.msgbox ("Deine Lieblingsfarbe ist" + auswahl)*

Erläuterung der einzelnen Schritte:

1) *Das Modul easygui wird in das Programm importiert.*
2) *Der Variablen „auswahl" wird der Wert der angebotenen Choices zugewiesen. Die Zuweisung erfolgt über Buttons (siehe Grafik unten), die angeklickt werden können.*
3) *Die Messagebox gibt den Text aus sowie den Wert der Variablen „auswahl".*

Ergibt:

7.4 EasyGui Enterbox Texteingabe

Als weitere Eingabemöglichkeit bietet EasyGui auch die direkte Eingabe für Text an:

Beispiel:

Codierung im Hauptprogramm:	
	(...)
1)	*import easygui*
2)	*auswahl = easygui.enterbox("Was ist Ihre Lieblingsfarbe?")*
3)	*easygui.msgbox ("Deine Lieblingsfarbe ist" + auswahl)*

Erläuterung der einzelnen Schritte:

1) *Das Modul easygui wird in das Programm importiert.*
2) *Der Variablen „auswahl" wird der Wert der angebotenen Choices zugewiesen. Die Zuweisung erfolgt über Buttons (siehe Grafik unten), die angeklickt werden können.*
3) *Die Messagebox gibt den Text aus sowie den Wert der Variablen „auswahl".*

Zwischenübung:
Erstellen Sie ein Programm, das EasyGui verwendet. Es sollen über Enterboxen zwei Werte eingegeben werden, die addiert werden.
Die Messagebox soll das Ergebnis ausgeben.

Ausgabe:

7.5 EasyGui im Projekt „Chuck, the Gambler"

Kommen wir zurück zu dem Spiel "Throw the dice" von Chuck, the Gambler. Chuck gefällt die bisherige Benutzeroberfläche nicht, er möchte ein moderneres Design für sein Spiel. Zunächst soll über eine Messagebox über das Spiel informiert werden. Dann soll eine Enterbox die Ratezahl erfragen. Die Messagebox gibt dann an, ob der Spielteilnehmer gewonnen oder verloren hat.

Codierung:

	#throw the dice
1)	import random
2)	import easygui
3)	easygui.msgbox("Raten Sie die Zahl der Würfel, die Augen der beiden Würfel werden addiert!")
4)	ratezahl = easygui.enterbox("Geben Sie nun Ihre Ratezahl ein")
5)	ratezahl =int(ratezahl)
6)	wuerfel1 = random.randint(1, 6)
7)	wuerfel2 = random.randint (1, 6)
8)	summe = wuerfel1 + wuerfel2
9)	if ratezahl == summe:
10)	easygui.msgbox("Richtig geraten, du bekommst 10,-€")
11)	else:
12)	easygui.msgbox("Leider verloren, du musst 2,- € bezahlen!")

Erläuterung der einzelnen Schritte:
1) Das Modul Random wird in das Programm importiert.
2) Das Modul Easygui wird in das Programm importiert.
3) Die Messagebox gibt den angeführten Text aus.
4) Der Variablen „auswahl" wird der Wert der Eingabe mittels der Enterbox zugewiesen.
5) Die Zeichen der Eingabe werden in eine Integer-Zahl umgewandelt (Type-Casting).
6) Ein Zufallswert wird der Variablen „wuerfel1" zugewiesen.
7) Ein Zufallswert wird der Variablen „wuerfel2" zugewiesen.
8) Die Summe wird aus den Zufallswerten gebildet.

9) *Falls ratezahl = Summe*
10) *Messagebox gibt den Text aus „Richtig geraten...."*
11) *Sonst:*
12) *Messagebox gibt den Text aus „Leider verloren...."*.

Ergebnis:

1. **Fenster:**

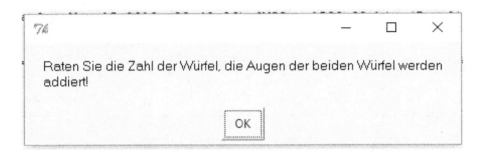

2. **Fenster:**

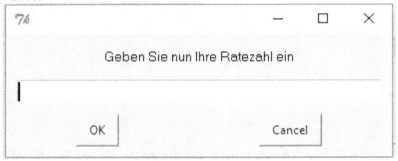

3. **Fenster (Ergebnis):**

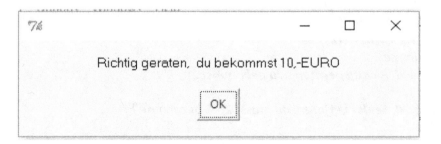

Übungsaufgaben zu Kapitel 7

Aufgabe 1:

Problem:

Erstellen Sie ein Programm, das vier Werte einliest. Eine Funktion soll diese vier Werte einlesen und daraus den Mittelwert bilden. Im Hauptprogramm soll dieser Mittelwert mit der Zahl 50 verglichen werden. Liegt die Zahl unter 50, soll die Ausgabe „Wert unter 50" sein. Liegt die Zahl über 50, soll die Ausgabe „Wert über 50" sein. Ist der Wert gleich 50, soll die Ausgabe „Treffer!" sein. Setzen Sie dieses Programm komplett mit EasyGui-Anwendungen um!

Programm:

Aufgabe 2:

Problem:

Erstellen Sie eine EasyGui Anwendung, die die Noten für Informatik einliest.

Es gibt zwei Kursarbeiten, diese zählen 40 %.

Weiterhin gibt es 2 Hausaufgabenüberprüfungen, diese zählen in den mündlichen Teil.

Für den mündlichen Teil gibt es zudem 2 Epo-Noten und eine Referatsnote.

Für den mündlichen Teil wird das arithmetische Mittel dieser Noten gebildet.

Der Mündliche Teil zählt 60 %.

EasyGui soll alle Werte vom Nutzer einlesen. Das Programm übernimmt die Berechnung.

EasyGui gibt die schriftliche Endnote, die mündliche Endnote sowie die Gesamtnote aus!

Programm:

Großprojekt zu Verzweigung, Schleifen und EasyGui

Erstellen Sie ein Programm, das Kindern helfen soll, die Rechenarten Addition, Subtraktion, Multiplikation und Division zu üben. Das Programm fragt zu Beginn das Kind, welche Rechenart geübt werden soll. Hat ein Kind sich für eine Rechenart entschieden, so sollen 10 Rechnungen mit zufälligen Zahlen nacheinander auf dem Bildschirm erscheinen. Das Kind gibt zunächst sein Ergebnis ein, dann zeigt der Rechner an, ob das Ergebnis richtig ist. Ein Zähler soll die richtigen Ergebnisse mitzählen und ein besonderes Lob aussprechen, wenn mindestens 70 % der Rechnungen korrekt waren. Nach 10 Rechnungen soll das Programm den Nutzer fragen, ob er wieder üben möchte. Dann beginnt der Zähler wieder bei Null und das Kind kann sich wieder für eine Rechenart entscheiden.

Wichtig: Sämtliche Ein- und Ausgaben sind mit EASYGUI zu bewerkstelligen.

Hinweise:

Programmieren Sie das Projekt in Teilschritten. Überlegen Sie insbesondere bei der Division, wie Sie z.B. Dezimalzahlen als Ergebnisse verhindern können. Auch sollte immer eine größere Zahl durch eine kleinere Zahl geteilt werden, da das Programm ja für Kinder geschrieben ist.

Eine Musterlösung hierzu finden Sie im Löser zum großen Python-Workbook! ISBN: 9783746095967

8. Objektorientierte Programmierung

8.1. Vorübungen zur objektorientierten Programmierung mit Python Kara

8.1.1 Was ist Python Kara

Python KARA ist ein didaktisches Hilfsmittel zur Vermittlung von Programmierkenntnissen im objektorientierten Stil. KARA ist ein Marienkäfer (Objekt), dem verschiedene Methoden zur Verfügung stehen, sich in einem Lebensumfeld zu bewegen. Mit Hilfe der Programmierung kann KARA dann bestimmte Problemstellungen bewältigen. Python KARA bietet einen einfachen Einstieg in die Programmierung mit Methoden. Es wurde von SwissEduTec, einem Schweizer Informatik-Portal entwickelt und wird weltweit im Informatikunterricht im Bereich Programmierung/Codierung eingesetzt.

> **Zum Durcharbeiten der folgenden Unterkapitel laden Sie sich bitte Python KARA auf Ihren Rechner: http://swisseduc.ch/informatik/karatojava/pythonkara/.**
> **Hinweis: Python Kara setzte JAVA 6 voraus!**

8.1.2 Objektorientierung bei Python KARA

Die objektorientierte Programmierung wird im Kapitel 8.2 noch einmal in „real" aufgegriffen. Python KARA eignet sich aber hervorragend, um die Objektorientierung schon einmal etwas plausibel zu machen.

In der objektorientierten Programmierung wird versucht die Realität über Klassen, Objekte und Methoden modellhaft abzubilden, um dadurch eine möglichst realitätsnahe Lösung oder z.B. in der Robotik Verhaltensmuster zu bekommen.

In Python haben wir das Objekt KARA (das der Klasse der Käfer entspringt, dazu aber in 8.2 mehr). KARA lebt auf einem Gittermuster und hat es mit Baumstämmen und Kleeblättern zu tun. Die Baumstämme kann KARA weder verschieben noch überspringen, sie sind also Hindernisse. Die Kleeblätter wiederum kann KARA pflanzen oder auch fressen. Für die Übung von Programmierung gibt es nun verschiedenste Aufgabenstellungen, die KARA bewerkstelligen muss bzw. lösen muss.

Hier ein einfaches Beispiel, bei dem Sie die Benutzeroberfläche (GUI) von Python KARA gleich mitlernen. Das Spielfeld ist das Karomuster in der Mitte. KARA, der Marienkäfer sitzt gegenüber einer Baumreihe. Die Spielfeldsituation können Sie selbst gestalten. Per Drag&Drop können Sie die Objekte KARA, Baumstamm, Pilz und Kleeblatt selbst auf dem Karomuster platzieren. Bei den fertigen Aufgaben, die sich hinter dem PushButton „Aufgaben" verbergen, sind vielerlei Übungsaufgabe von SwissEduTec vorrätig. Über den

PushButton „Programmierung" kommen Sie auf die Entwicklungsumgebung, wo Sie die Problemlösung programmieren können.

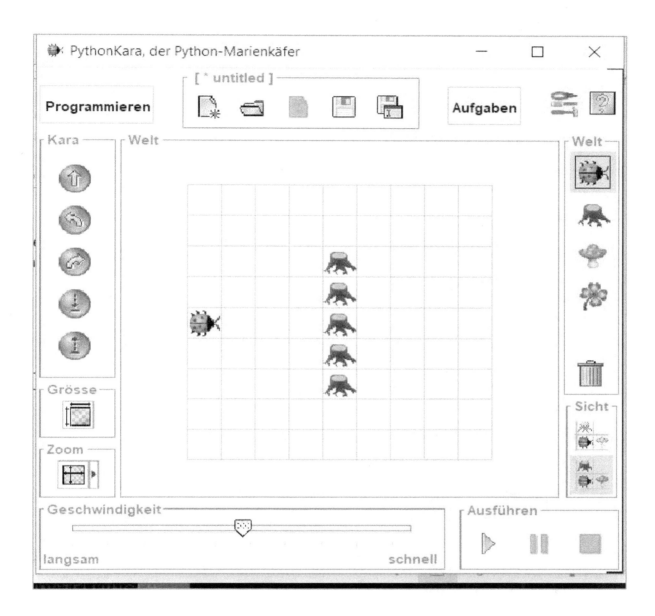

Untersuchen Sie die verschiedenen PushButtons auf ihre Gestaltungsmöglichkeiten.

Die Codierung

Folgende Funktionsanweisungen („Befehle") können Sie verwenden:

Aktionen:

move()	KARA schiebt sich ein Kästchen vorwärts.
turnRight()	KARA dreht sich im Kästchen nach rechts.
turnLeft()	KARA dreht sich im Kästchen nach links.
putLeaf()	KARA legt ein Kleeblatt ins Kästchen.
removeLeaf()	KARA entfernt („frisst") das Kleeblatt.

SENSOREN:

treeFront()	KARA hat einen Baum im Kästchen vor sich.
treeLeft()	KARA hat einen Baum im Kästchen links neben sich.
treeRight()	KARA hat einen Baum im Kästchen rechts neben sich.
onLeaf()	KARA befindet sich auf einem Blatt.

Beispiel:
Kara soll es schaffen, auf die andere Seite der Baumstämme zu gelangen.

Anfangsstadium	Endstadium

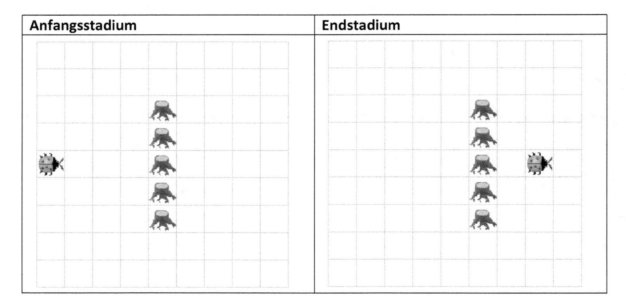

Hierzu die Codierung in Form von einfachen Anweisungen/Befehlen, noch ohne Schleifen oder Verzweigungen:

(...)

```
16  kara.move()
17  kara.move()
18  kara.move()
19  kara.move()
20  kara.turnLeft()
21  kara.move()
22  kara.move()
23  kara.move()
24  kara.turnRight()
25  kara.move()
26  kara.move()
27  kara.turnRight()
28  kara.move()
29  kara.move()
30  kara.move()
31  kara.turnLeft()
32  kara.move()
33  kara.move()
```

Arbeiten Sie das Beispiel bitte nach, variieren Sie mit den Befehlen und schauen Sie, wie sich KARA verhält.

Zwischenübung:

Programmieren Sie KARA so, dass es um die Baumstämme herumläuft und wieder an seinen Ausgangspunkt zurückkehrt, indem KARA eine Rundschleife läuft.

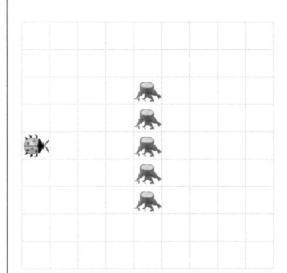

Notieren Sie hier den Pseudo-Code oder eine Skizze:

Zwischenübung:

Programmieren Sie KARA so, dass es um die Baumstämme herumläuft und wieder an seinen Ausgangspunkt zurückkehrt. KARA soll dabei den gleichen Weg zurücklaufen und auf dem Rückweg Kleeblätter legen (putLeaf).

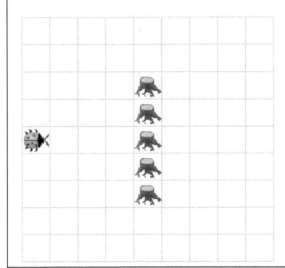

Notieren Sie hier den Pseudo-Code oder eine Skizze:

8.1.3 KARA mit Entscheidungen

In diesem Kapitel darf KARA Entscheidungen treffen. Hierzu verwenden wir die Ihnen schon bekannte If-Syntax (auf Schleifen wird an dieser Stelle noch verzichtet).

Bei diesem Beispiel soll KARA bis zu den Baumstämmen laufen.
Wenn es einen Baumstamm vor sich hat, soll es sich links drehen und dann weiterlaufen. Dann die Bäume umlaufen.

Wenn es auf einem Kleeblatt ist, soll es dieses auffressen (removeLeaf).

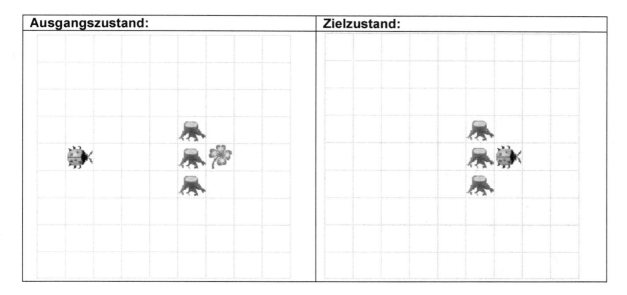

Ausgangszustand:	Zielzustand:

Code-Musterlösung:

```
12   kara.move()
13   kara.move()
14   kara.move()
15   if kara.treeFront():
16       kara.turnLeft()
17   kara.move()
18   kara.move()
19   kara.turnRight()
20   kara.move()
21   kara.move()
22   kara.turnRight()
23   kara.move()
24   kara.move()
25   if kara.onLeaf():
26       kara.removeLeaf()
```

Zwischenübung:

Erstellen Sie folgende Situation:

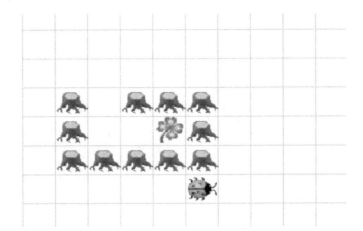

Programmieren Sie KARA so, dass es den Eingang vom Bau findet und das Kleeblatt auffrisst. KARA soll im Bau verbleiben.

Bitte verwenden Sie nur einfache Anweisungen sowie IF-Verschachtelungen.

Lösung direkt in Python KARA

Zwischenübung:

Erstellen Sie folgende Situation:

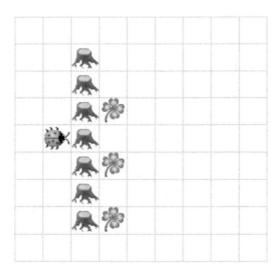

Programmieren Sie KARA so, dass es um die Baumstämme herumläuft. Jedes Mal wenn KARA auf einem Kleeblatt ist, soll sie erst einen Freudentanz machen (Drehung um 360 Grad auf dem Kleeblatt-Feld), danach soll sie das Kleeblatt auffressen.

Bitte verwenden Sie nur einfache Anweisungen sowie IF-Verschachtelungen.

Lösung direkt in Python KARA

8.1.4 KARA in der Wiederholungsschleife

Die Bedeutung der while-Schleife wurde in diesem Buch bereits behandelt. Für KARA hat sie den großen Vorteil, dass Sie die Programmierung sehr verkürzen kann. Wir haben ein ähnliches Problem wie vorher, KARA soll um einen „Wald" herumlaufen, nur dass der Wald beliebig groß sein kann. D.h. mit einfachen Anweisungen kommen wir nicht weiter. Zudem sind die bisherigen Programm unnötig lange durch die fortwährenden gleichen Befehle, um KARA zu bewegen (kara.move() etc.). Hier bieten sich nun Schleifen an. Sie bewirken, dass abhängig von bestimmten Bedingungen KARA immer die gleichen Ausführungen unternimmt (z.B. Vorwärts bewegen, Kleeblätter pflanzen etc.).

Als Einstieg wieder ein einfaches Beispiel, dieses Mal jedoch mit Schleifen-Programmierung.

Beispiel:

Anfangsstadium:	Zielstadium:
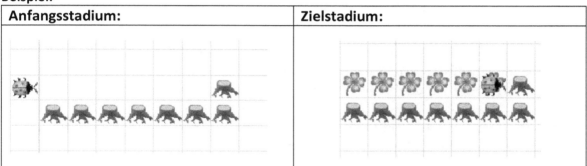	

Die Programmierungen mit und ohne Schleife gegenübergestellt.

KARA ohne Schleife:	KARA mit Schleife:
```\n14 kara.move()\n15 kara.putLeaf()\n16 kara.move()\n17 kara.putLeaf()\n18 kara.move()\n19 kara.putLeaf()\n20 kara.move()\n21 kara.putLeaf()\n22 kara.move()\n23 kara.putLeaf()\n24 kara.move()\n25 kara.putLeaf()\n```	```\n13\n14 while not kara.treeFront():\n15 kara.move()\n16 kara.putLeaf()\n17\n```

Unschwer ist zu erkennen, wie stark die Schleife ein Programm verkürzen kann. Für die Programmierung gilt die Regel, dass wo immer möglich Schleifen eingesetzt werden sollten.

Zwischenübung:

Erstellen Sie folgende Situation:

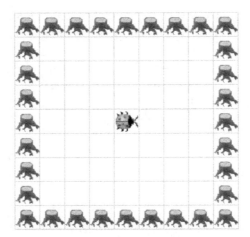

KARA tanzt im Frühling immer ihren Marienkäfertanz. Programmieren Sie KARA so, dass sie immer zwei Schritte vorangeht und sich nach links dreht und dann einen Schritt nach links geht, dann eine Drehung um die eigene Achse (360Grad).

Wichtiger Hinweis: KARA müssen Sie in der Mitte eines 9x9 Feldes platzieren, die Bäume müssen in der äußersten Karo-Reihe stehen.

Lösung direkt in Python KARA

Zwischenübung:

Erstellen Sie für folgende Situation eine Programmierung mit der While-Schleife

Ausgangszustand:	Zielzustand:

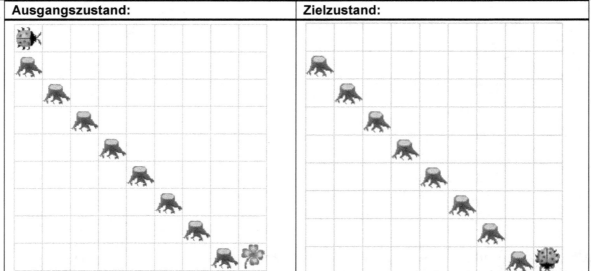

8.1.5 Kara mit Schleifen in Schleifen

Besonders effektiv werden Schleifen, wenn sie ineinander verwoben werden (sog. Schleifen in Schleifen oder verschachtelte Schleifen). Dies dient auch einer erheblichen Verkürzung von Codierungen.

Beispiel:
Kara soll so lange tanzen, so lange es „durch Zufall" nicht auf ein Kleeblatt kommt.
Das Feld kann beliebig groß sein, wobei es mindestens 9*9 Felder haben soll:

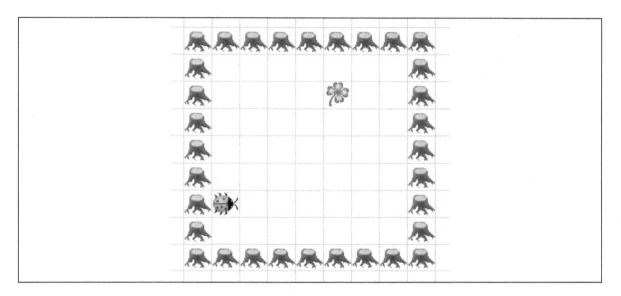

Der Kara-Tanz: funktioniert so:

1 Schritt vor, Drehung nach links, 1 Schritt vor, Drehung nach rechts.

Wenn Kara an einen Baumstamm stößt (treeFront), soll sich Kara wieder um 270 Grad nach links umdrehen und 2 Schritte sich vom Baumstamm entfernen.
Sollte Kara in der Ecke landen und nicht herauskommen, kann Ihnen diese Unterschleife helfen:

```
while kara.treeRight():
    kara.turnRight()
    kara.turnRight()
    kara.move()
    kara.move()
```

(analog für „links")

Wichtig: Das Kara-Tanz Problem ist mit ineinander verschachtelten Schleifen zu lösen!

Lösung zum Beispiel:

```
13
14   while not kara.onLeaf():
15      while kara.treeFront():
16         kara.turnLeft()
17         kara.turnLeft()
18         kara.turnLeft()
19         kara.move()
20         kara.move()
21      kara.move()
22      kara.turnLeft()
23      kara.move()
24      kara.turnRight()
25      while kara.treeRight():
26         kara.turnRight()
27         kara.turnRight()
28         kara.move()
29         kara.move()
30      while kara.treeLeft():
31         kara.turnLeft()
32         kara.turnLeft()
33         kara.move()
34         kara.move()
35
36
```

Zwischenübung:
Erstellen Sie folgende Situation:

Programmieren Sie KARA so, dass sie zwischen den Bäumen Slalom läuft.
Bitte verwenden Sie Schleifen und programmieren Sie so, dass die Anordnung der Bäume und die Größe des Feldes irrelevant sind.

Lösung direkt in Python KARA

8.1.6 Kara lernt neue Methoden

Ein wesentliches Merkmal der objektorientierten Programmierung ist, dass Methoden als Unterprogramm neu definiert werden können und im Hauptprogramm immer wieder neu zur Verfügung stehen.

Die Methoden werden vor dem Hauptprogramm mit „def" Methodenname definiert. Der Methodennamen selbst wird im Programm dann als eigenständiger Befehl aufgerufen.

Beispiel:

Kara soll die Methoden erhalten „baumumrunden" und „blatt_fressen". Hat Kara ein Blatt gefressen, legt es in das nächste Feld ein neues Blatt.

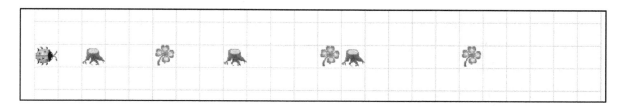

Hinweis: Nehmen Sie ein breites Spielfeld (mindestens 20), die Programmierung sollte jedoch von der Größe unabhängig sein. Lassen Sie etwas Platz zwischen den Baumstämmen.

Lösung:

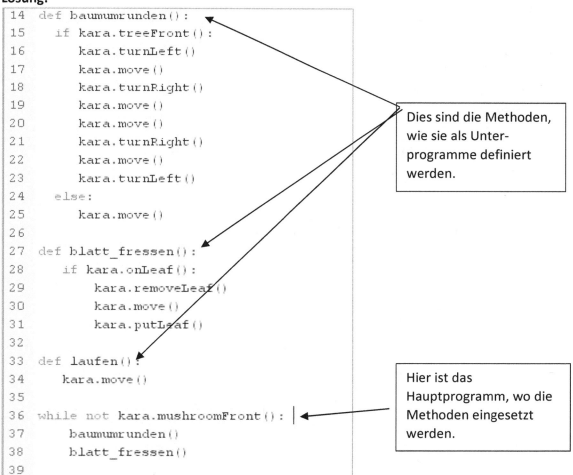

```
14   def baumumrunden():
15     if kara.treeFront():
16       kara.turnLeft()
17       kara.move()
18       kara.turnRight()
19       kara.move()
20       kara.move()
21       kara.turnRight()
22       kara.move()
23       kara.turnLeft()
24     else:
25       kara.move()
26
27   def blatt_fressen():
28     if kara.onLeaf():
29       kara.removeLeaf()
30       kara.move()
31       kara.putLeaf()
32
33   def laufen():
34     kara.move()
35
36   while not kara.mushroomFront():
37       baumumrunden()
38       blatt_fressen()
39
```

Dies sind die Methoden, wie sie als Unterprogramme definiert werden.

Hier ist das Hauptprogramm, wo die Methoden eingesetzt werden.

Übungsaufgaben zu Kapitel 8.1 (KARA)

Aufgabe 1:

Programmieren Sie folgende Herausforderung für KARA. Kara soll jeden Pilz immer 3 Kästchen weiterschieben. Dann zurücklaufen und den nächsten Pilz verschieben. Arbeiten Sie mit For-Schleifen!

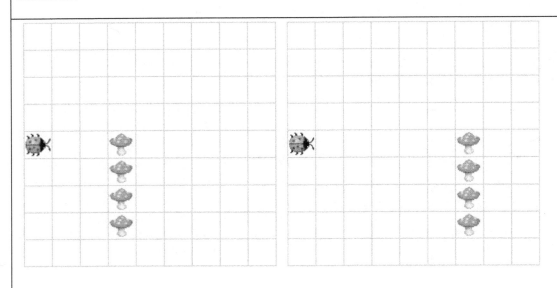

Aufgabe 2:

Programmieren Sie Kara so, dass sie das Kleeblatt findet. Verwenden Sie möglichst Schleifen und Verzweigungen.

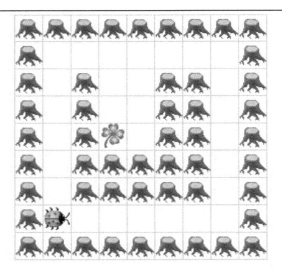

8.2 Objektorientierung in der IDLE
8.2.1 Objekt „Spieler"

Die objektorientierte Programmierung (kurz OOP) ist entstanden aus dem Wunsch heraus, die Umwelt möglichst exakt in Programmen modellieren zu können. Dies gelingt über Objekte, denen Attribute (Eigenschaften) und Methoden zugewiesen werden. Für ein Programm muss deshalb überlegt werden, welche Dinge der Wirklichkeit im Programm abgebildet werden, um dafür z.B. Berechnungen, Datenzuweisungen oder ähnliches durchzuführen.

Beispiel:

Bei dem Zahlenratespiel von Chuck, the Gambler, wäre ein typisches Objekt der Spieler. Dieser Spieler hat Eigenschaften, z.B. einen Namen, Geschlecht, Alter. Zudem soll er Tätigkeiten (Methoden) vornehmen wie z.B. Raten, Geldbeträge setzen, sein Konto führen, Geld einzahlen, Geld auszahlen usw.

8.2.2 Klassen, Objekte und Attribute

Klassen sind in der Programmierung der Bauplan für Objekte. Die Klasse definiert, wie diese Objekte aufgebaut sind. Die Realisierung einer Klasse ist dann das Objekt. In der Klasse werden Eigenschaften (Attribute) festgelegt, die ein Objekt haben kann.

Beispiel:

Für das Glücksspiel erstellen wir eine Klasse „Spieler". John, der als Einzelperson an dem Glückspiel teilnimmt, ist dann ein Objekt dieser Klasse.

Codierung:	
	(...)
1)	*class Spieler:*
2)	*def __init__(self, name, alter, geschlecht, konto):*
3)	*self.name=name*
4)	*self.alter=int(alter)*
5)	*self.geschlecht=geschlecht*
6)	*self.konto=int(konto)*
7)	*def __str__(self):*
8)	*ausgabe = "Das ist Spieler " +self.name*
9)	*return ausgabe*
10)	*john = Spieler("john", 25, "m", 100)*
11)	*print john*

Erläuterung der einzelnen Schritte:
1) *Es wird eine Klasse "Spieler" erstellt.*
2) *Der Konstruktor der Klasse: die Klasse der Spieler hat die Attribute Name, Alter, Geschlecht sowie ein Konto, das sie zum Spielen benötigen. __init__ sorgt dafür, dass eine neue Instanz der Klasse angelegt wird.*
3) *Self: das Attribut „name" wird dem neuen Objekt zugewiesen.*
4) *Self: das Attribut „alter" wird als Integer-Zahl dem neuen Objekt zugewiesen.*
5) *Self: das Attribut „geschlecht" wird dem neuen Objekt zugewiesen.*

6) *Self: das Attribut „konto" wird als Integer-Zahl dem neuen Objekt zugewiesen.*

7) *Die Methode __str__: Sie sagt, was angezeigt werden soll, wenn sich der Print-Befehl auf das Objekt bezieht.*

8) *Die Ausgabe wird definiert.*

9) *Die Ausgabe wird an das Programm gegeben.*

10) *Das Objekt John wird aus der Klasse Spieler gebildet. Er erhält die Attribute: John ist 25 Jahre alt, männlich und setzt 100,- €.*

11) *Das Objekt John wird ausgegeben*

Mit „John" wird nun ein Objekt dieser Klasse erstellt.

Ausgabe:

```
7% Python 2.7.5 Shell                                          —    □    ×

File  Edit  Shell  Debug  Options  Windows  Help

Python 2.7.5 (default, May 15 2013, 22:43:36) [MSC v.1500 32 bit (Intel)] on win
32
Type "copyright", "credits" or "license()" for more information.
>>> ============================== RESTART ==============================
>>>
Das ist Spieler john
>>>
```

Zur Schreibweise:

Hinter dem Schlüsselwort „class" folgt der Klassenname:

➔ class Klassenname( ):

In der folgenden Zeile folgt der Konstruktor (__init__):

➔ def __init__(self,attribut1, attribut2 …)

Wichtig:

➔ Beim Konstruktor (__init__) sind dies jeweils zwei Unterstriche vor und hinter dem Begriff „init".

➔ Die Klammer hinter dem Konstruktor (__init__) muss immer zuerst „self" stehen. Das Schlüsselwort „self" verweist immer auf das aktuelle Objekt der Klasse, oft auch „Instanz" der Klasse genannt.

Dann folgt die Parameterzuweisung zu den einzelnen Attributen:

➔ self.attribut1 = attribut1

➔ self.attribut2 = attribut2

Zwischenübung:

Erstellen Sie die Klasse Schüler. Es sollen Name, Alter, Straße, Wohnort sowie Geschlecht als Attribute eingegeben sein.

Ausgabe:

8.2.3 Methoden

Objekte haben neben Attributen, die sie näher beschreiben, auch Methoden. Eine Methode wurde im vorigen Kapitel bereits eingeführt (__str__()). Methoden lösen Ereignisse oder Aktionen aus und lassen sich in Programmierungen als Funktionen umsetzen. Methoden sind dabei nichts anderes als die Funktionen von Objekten.

Beispiel:

Das Objekt „Spieler" hat die Methode „Einzahlen". Er kann auf sein Spielerkonto einen Geldbetrag einzahlen, um damit anschließend an dem Spiel teilnehmen zu können.

```
def einzahlen(self, betrag):
        self.konto += betrag
```

Erläuterung zum Beispiel:

Mit der Methode „einzahlen" kann dem Attribut „Konto" eines Spielers ein Betrag zugeschrieben werden.

Umsetzung im Programm:

Codierung:	
1)	class Spieler:
2)	def __init__(self, name, alter, geschlecht, konto):
3)	self.name=name
4)	self.alter=int(alter)
5)	self.geschlecht=geschlecht
6)	self.konto=int(konto)
7)	def anzeigen(self):
	print "Das ist: ", self.name
	print "Konto:",self.konto
8)	def einzahlen(self, betrag):

9)	*self.konto += betrag*
10)	*john = Spieler("john", 25, "m", 100)*
11)	*john.einzahlen(50)*
12)	*john.anzeigen()*

Ausgabe:

```
>>> ============================= RESTART =============================
>>>
Das ist:  john
Konto: 150
>>>
```

Erläuterung der einzelnen Schritte:

1) Es wird eine Klasse "Spieler" erstellt.
2) Der Konstruktor der Klasse: die Klasse der Spieler hat die Attribute Name, Alter, Geschlecht sowie ein Konto, das sie zum Spielen benötigen. __init__ sorgt dafür, dass eine neue Instanz der Klasse angelegt wird.
3) *Self: das Attribut „name" wird dem neuen Objekt zugewiesen.*
4) *Self: das Attribut „alter" wird als Integer-Zahl dem neuen Objekt zugewiesen.*
5) *Self: das Attribut „geschlecht" wird dem neuen Objekt zugewiesen.*
6) *Self: das Attribut „konto" wird als Integer-Zahl dem neuen Objekt zugewiesen.*

7) *Die Methode „anzeigen" wird definiert. In ihr wird festgelegt, wie die Ausgabe auf dem Bildschirm erfolgen soll. Die Ausgabe wird definiert.*
8) *Die Methode „einzahlen" wird definiert.*
9) *Der Einzahlungsbetrag wird dem Kontobetrag zugeschrieben.*
10) *Das Objekt John wird aus der Klasse Spieler gebildet. Er erhält die Attribute: John ist 25 Jahre alt, männlich und setzt 100,- €.*
11) *Das Objekt John erhalt für die Methode „einzahlen" 50,- €.*
12) *Die Methode „anzeigen" wird für das Objekt „John" aufgerufen.*

Zwischenübung:

Erstellen Sie die Klasse Schüler. Es sollen Name, Alter, Straße, Wohnort sowie Geschlecht als Attribute eingegeben sein. Erstellen Sie zu der Klasse die Methoden „anzeigen", bei der die Schülerdaten alle am Bildschirm ausgegeben werden. Ergänzen Sie die Klasse noch um das Attribut „Kopiergeld". Erstellen Sie dazu eine Methode, die erfasst, wieviel Kopiergeld der Schüler gezahlt hat.

Ausgabe:

8.2.4 Kapselung von Attributen

Die bis hier vorgestellte objektorientierte Programmierung hat noch den Fehler, dass auf die Attribute auch von außerhalb der Klasse zugegriffen werden kann, was schnell eine Fehlerquelle darstellen kann. In Python können drei Stufen der Sicherung und Sichtbarkeit eingestellt werden.

Dies wird bei den Attributen durch vorangestellte Unterstriche dargestellt:

Kategorie	Schreibweise	Erklärung	Darstellung in Python
Public	Ohne Unterstrich	Auf das Attribut kann auch von außerhalb der Klasse zugegriffen werden.	self.konto
Protected	Ein Unterstrich	Auf das Attribut soll nicht auf außen zugegriffen werden, es wäre jedoch möglich	self._konto
Private	Zwei Unterstriche	Das Attribut ist von außen nicht greifbar und kann nur durch Methoden der Klasse geschrieben und gelesen werden.	self.__konto

8.2.5 Vererbung

Vererbung bedeutet, dass eine Klasse bestimmte Eigenschaften an eine neue Klasse (die natürlich dann ähnlich ist) vererbt. Als Beispiel wird für ein Unternehmen die Klasse „Mitarbeiter" eingeführt.

Der Mitarbeiter hat einen Namen, Vornamen, Geburtsdatum, Wohnort und Personalnummer.

Er hat die Methoden:
- Arbeiten (es werden Stunden auf das Arbeitskonto gebucht)
- Urlaub nehmen (es werden die Urlaubstage aufgerechnet)

Codierung	
	#Klasse der Mitarbeiter
1)	class Mitarbeiter():
2)	def __init__(self, vorname, nachname, gebdat, wohnort, persnummer)
3)	self.vorname=vorname
4)	self.nachname=nachname
5)	self.gebdat=gebdat
6)	self.wohnort=wohnort
7)	self.persnr=persnr
8)	def arbeiten(self, arbeitszeit)
9)	self.arbeitszeit+=tagesarbeitszeit
10)	def urlaubnehmen(self, urlaubstage)
12)	self.urlaubstage+=neuUrlaub

Die Klasse der Mitarbeiter muss für Manager etwas angepasst werden. Die bisherigen Methoden und Eigenschaften können übernommen werden. Der Manager hat noch die Eigenschaft „Dienstwagen" und die Methode „Bonus erhalten".

Beispiel:

Codierung
1)   *class Manager(Mitarbeiter):*
2)   *def __init__(self, vorname, nachname, gebdat, wohnort, persnr, dienstwagen):*
3)   *Mitarbeiter.__init__(self, vorname, nachname, gebdat, wohnort, persnr)*
4)   *self.dienstwagen = dienstwagen*
5)   *def bonuszahlen(self, bonus):*
6)   *self.bonus+=neuBonus*

Zwischenübung:
Erstellen Sie die Klasse „Einwohner" für die Stadt „Ludwigshafen" mit den Attributen „Name", „Vorname", „Wohnort", „Straße". Für den Ortsteil „Gartenstadt" soll zudem noch Alter und Religion erfasst werden.

Ausgabe:

9. GUI – Arbeiten mit dem GUI-Designer PyQt Assistant

Im realen Leben haben Sie täglich mit Programmen zu tun, bei denen Sie einen Button oder eine Schaltfläche anklicken, um eine bestimmte Aktion auszuführen (z.B. Formatierung als Fettdruck in Word etc.). Nur in Programmierkursen sehen die Programme, aufgrund der Ausgabe in der Konsole, noch aus, wie im vorigen Jahrhundert. Dies ändert sich nun. In diesem Kapitel lernen Sie, wie Sie für den Nutzer eines Programmes eine grafische Nutzeroberfläche gestalten kann, die eine bequeme und zeitgemäße Bedienung und Visualisierung ermöglicht.

Im Folgenden verwenden wir den GUI-Designer PyQt GPL 4.10.3 Achten Sie bitte darauf, dass Sie auch mit dieser Version die Beispiele und Aufgaben bearbeiten. Andere Versionen unterscheiden sich ziemlich von PyQt GPL 4.10.3.

9.1 Warum GUI?

GUI steht für Graphical User Interface, also die grafische Schnittstelle zwischen dem Programm und dem Nutzer. Moderne Programmierungen arbeiten für die Ein- und Ausgabe nicht mehr mit der Konsole. Gerade für Programmieranfänger erscheint die Konsole befremdlich, da sie mit den sonst gebräuchlichen Programmen wie EXCEL oder PowerPoint überhaupt nichts zu tun haben scheinen. Deshalb ist es sinnvoll und ratsam für die moderne Programmierung von Anfang an GUIs miteinzubeziehen, denn die Gestaltung einer GUI kann schon ein Teil des Lösungsweges einer Programmieraufgabe darstellen.

9.2 Der Qt-Designer

Ein GUI-Programm besteht im Wesentlichen aus zwei Hauptteilen. Zuerst muss man die Benutzerschnittstelle erstellen und dann den Code, durch den diese Schnittstelle das macht, was sie soll. Zum Erstellen einer Benutzerschnittstelle gehört, z. B. Schaltflächen, Textkästen, Auswahlkästen usw. im Fenster anzuordnen (sog. „widgets"). Dann schreibt man den Code, der dafür sorgt, dass etwas passiert, wenn man auf eine Schaltfläche klickt oder etwas in einen Textkasten eintippt oder in einer Auswahlbox etwas auswählt. Mit Qt erstellst du die Benutzerschnittstelle mit dem sogenannten Qt-Designer.

9.3 Arbeiten mit dem QT-Designer

Öffnen Sie den QT-Designer. Es erscheint ein Dialogfenster „New Form". Doppelklicken Sie „Main Window". Nun haben Sie das Fenster für die Benutzerschnittstelle erzeugt. Was noch fehlt sind Eingabefelder oder Schaltflächen etc. Diese Elemente sind im QT-Designer auf der linken Seite in der sogenannten „Widget-Box" zu finden. Auf der rechten Seite befindet sich die Objektanzeige (diese listet alle verwendeten Objekte im Designer auf) sowie das Eigenschaftsfenster. Dieses zeigt von dem jeweils aktivierten Objekt, die jeweiligen Eigenschaften (z.B. Größe, Schriftart usw.).

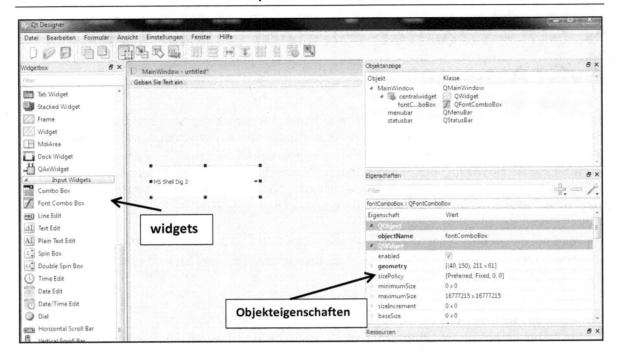

Im Folgenden soll die Anwendung des Qt-Designer und die Erstellung eines Programmes mit einer GUI an einem durchgängigen Beispiel erläutert werden. Dabei soll ein Währungsrechner erstellt werden, der Euro in US-Dollar und umgekehrt umrechnet.

9.3.1 Erstellen der GUI (am Beispiel eines Währungsrechners)

Erstellung der GUI:
Legen Sie im QT-Designer zunächst ein neues Hauptfenster (Main-Window) an. Der Währungs-rechner soll zwei Ein- und Ausgabefelder haben. Ein Ein- und Ausgabefeld für den Euro, ein Ein- und Ausgabefeld für US-Dollar.

1. Hierzu ziehen Sie das Input-Widget „Line Edit" in das Hauptfenster und passen es der Größe an.

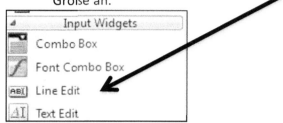

2. In der Eigenschaften-Box (rechte Seite) geben Sie dem Eingabefeld den Namen „editEuro". Dies ist wichtig, weil in der Programmierung dieses Feld mit dem Objektnamen angesprochen wird.

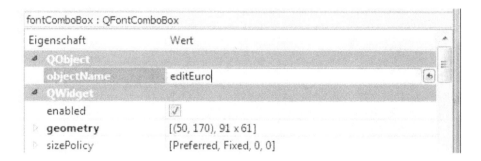

3. Gehen Sie analog für das Ein-Ausgabefeld US-Dollar vor und benennen dieses bei den Eigenschaften mit dem Objektnamen „editDollar".

4. Bezeichnen Sie bei Ein-Ausgabefelder mit dem Widget „Label", das Sie in der Rubrik „Label Widgets" finden (Label = Bezeichnung). Bezeichnen Sie das Euro-Feld mit „Euro" und das Dollar-Feld mit „US-Dollar". Schriftart und Größe sind bei den Eigenschaften „font" anpassbar.

Ihre GUI müsste dann ungefähr folgendes Aussehen haben:

EURO   US-DOLLAR

5. Wir fügen nun „Push-Buttons" ein, die das Ereignis der Umrechnung auslösen sollen. Hierzu wählen Sie in der Widget-Box unter der Rubrik „Button" den „Push Button". Setzen Sie zwei Push-Buttons in gleicher Größe in das Fenster. Der erste Push-Button soll veranlassen, dass der Euro-Betrag in US-Dollar umgerechnet wird. Geben Sie ihm deshalb den Objektnamen „umrechDollar", der zweite Button soll veranlassen, dass der Dollar-Betrag in Euro umgerechnet wird, geben Sie ihm deshalb bei den Eigenschaften den Objektnamen „umrechEuro".

Hinweis: Die Objektnamen sind für die spätere Programmierung äußerst wichtig!

Die GUI müsste nun so (ungefähr) so aussehen:

6. Speichern Sie nun die GUI unter dem Namen „waehrungsrechner" in den Ordner ab, in dem später auch Ihre Programmierung gespeichert wird (am besten für das Beispiel einen eigenen Ordner erstellen). Öffnen Sie nun die IDLE von Python 2.7!

9.3.2 Klassen und Instanzen (Erstellen des Programms Währungsrechner)

Geben Sie nun in beim Editor für Python 2.7 folgendes Programm ein. Diese Codierung bewirkt zunächst, dass Ihre GUI für das Programm verwendet wird. Die Erläuterung zu den einzelnen Zeilen finden Sie unter dem Programm:

```
import sys
from PyQt4 import QtCore, QtGui, uic

form_class = uic.loadUiType("waehrungsrechner.ui")[0]

class MeineFensterKlasse(QtGui.QMainWindow, form_class):
    def __init__(self, parent=None):
```

	QtGui.QMainWindow.__init__(self, parent) self.setupUi(self) app = QtGui.QApplication(sys.argv) meinFenster = MeineFensterKlasse() meinFenster.show() app.exec_()

9.3.3 Methode

Die GUI erscheint zwar, jedoch macht sie noch nichts. Nun müssen wir die einzelnen Widgets in der GUI mit Funktionen ausstatten, die nun das Ganze zum Laufen bringen.

Am Beispiel Währungsrechner wollen wir festlegen, dass der Push-Button „Umrechnung in Dollar" die Methode der Umrechnung erhält.

Hinweis: Methoden sind nichts anderes als Funktionen, die direkt einem Objekt angeschlossen sind!

Beispiel:

Codierung:	

1)
2)
3)
4)
	def umrechDollar_clicked(self):
	    euro = float(self.editEuro.text())
	    dollar = euro *1.2
	    self.editDollar.setText(str(dollar))

Die Erläuterung der einzelnen Schritte:

1) Die ist die Bezeichnung (Definition = def) der Methode. Sie heißt „umrechDollar" und soll den Euro-Betrag in Dollar umrechnen. Das „self" in der Klammer ist eine sogenannte Instanzreferenz, sie sagt der Methode, welche Instanz sie aufgerufen hat. Wenn es die gleiche Instanz ist, in der die Methode läuft, dann kann „self" verwendet werden.

2) Die Variable „euro" bekommt den Wert, der in das Input-Widget „editEuro" eingegeben wird. Da die Eingabe zunächst als Text typisiert wird, muss es in einen Floatwert umgewandelt werden.

3) Die Variable „dollar" bekommt den Wert der Währungsumrechnung!

4) Das Widget „editDollar" bekommt den Wert der Variable „dollar" als Datentyp „string" zugewiesen. „setText" ist die Methode, die den Wert in das Feld schreibt.

Das gesamte Programm im Überblick:

```
import sys
from PyQt4 import QtCore, QtGui, uic

form_class = uic.loadUiType("waehrungsrechner.ui")[0]

class MeineFensterKlasse(QtGui.QMainWindow, form_class):
    def __init__(self, parent=None):
        QtGui.QMainWindow.__init__(self, parent)
        self.setupUi(self)
        self.umrechDollar.clicked.connect(self.umrechDollar_clicked)
        self.umrechEuro.clicked.connect(self.umrechEuro_clicked)

    def umrechDollar_clicked(self):
        euro = float(self.editEuro.text())
        dollar = euro*1.2
        self.editDollar.setText(str(dollar))

    def umrechEuro_clicked(self):
        dollar = float(self.editDollar.text())
        euro = dollar*0.8
        self.editEuro.setText(str(euro))

app = QtGui.QApplication(sys.argv)
meinFenster = MeineFensterKlasse()
meinFenster.show()
app.exec_()
```

Übungsaufgaben zu Kapitel 9

Aufgabe 1:

Problem:

Erstellen Sie ein Rechenprogramm. In zwei Felder sollen Zahlen eingegeben werden. Durch Drücken der Tast „Multiplikation" wird das Produkt aus den Zahlen errechnet.
Erstellen Sie in PyQt erst die GUI, dann bitte erst das Programm schreiben.

Programm:

Aufgabe 2:

Problem:

Entwickeln Sie die Aufgabe 1 weiter zu einem Taschenrechner mit den Funktionen Multiplikation, Division, Addition und Subtraktion.

Programm:

Aufgabe 3:

Problem:

Erstellen Sie ein Programm mit einer GUI für den BMI (Body Mass Index). Recherchieren Sie zunächst die Werte des BMI und gestalten Sie die GUI so, dass der Nutzer einfach seine Werte eingeben kann und dann eine Bewertung erhält.

Programm:

10. Grafisch-animierte Spiele

10.1 Grafische Objekte

Um in Python grafisch animierte Spiele zu erstellen, wird das Pygame-Modul benötigt, das am Anfang eines Programmes zunächst importiert werden muss. Dann wird im nächsten Schritt die Spieloberfläche (sog. Surface) auf dem Bildschirm festgelegt (im Beispiel mit der Größe 640/480).

Beispiel:

Erläuterung:	
1)	*import pygame*
2)	*pygame.init()*
3)	*screen.display.set_mode([640, 480])*

Beim bisherigen Programm, falls Sie es laufen lassen, sehen Sie nur ganz kurz ein schwarzes Fenster. Da ein Spiel in der Regel darauf aufbaut, dass eine stete Interaktion mit dem Spieler besteht, muss eine Ereignisschleife aufgebaut werden, die das Spiel solange am Laufen hält, bis der Spieler es aktiv beendet. Im folgenden Beispiel wird nun eine while-Schleife integriert, die die Surface solange aktiv hält, bis das Fenster über das „X" im rechten oberen Rand geschlossen wird.

Beispiel:

Erläuterung:	
1)	*import pygame*
2)	*pygame.init()*
3)	*screen = pygame.display.set_mode([640, 480])*
4)	*aktiv = True*
5)	*while aktiv:*
6)	*for event in pygame.event.get():*
7)	*if event.type == pygame.QUIT:*
8)	*aktiv = False*
9)	*pygame.quit()*

Nun bleibt ein schwarzer Bildschirm, bis vom Spieler das Windows-Fenster bewusst geschlossen (QUIT) wird.

Nun soll der Bildschirm grafisch gefüllt werden.

Eine Hintergrundfarbe wird erzeugt mit:
- screen.fill([255,255,255]), (dies bedeutet die Farbe „weiß"). (Analog der RGB-Farben!)

Dann wird ein grünes Rechteck auf der Surface platziert:

pygame.draw.rect(screen, [0,250,0], [100,100,80,120], 0)

Beispiel:

```
7% einSpiel - C:/Python27/einSpiel

File   Edit   Format   Run   Options   Windows   Help

import pygame
pygame.init()
screen = pygame.display.set_mode([640, 480])
screen.fill([255,255,255])
pygame.draw.rect(screen, [0,255,0], [100,100,80,120], 0)
pygame.display.flip()
aktiv = True
while aktiv:
    for event in pygame.event.get():
        if event.type == pygame.QUIT:
            aktiv = False
pygame.quit()
```

Ergebnis:

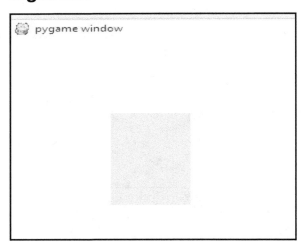

Das Rechteck ist noch zu breit, deshalb werden die Parameter verändert:
Altes Rechteck:

pygame.draw.rect(screen, [0,250,0], [100,100, 80,120], 0)

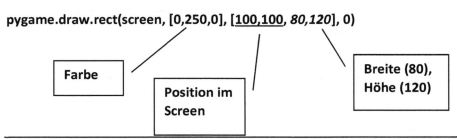

Zwischenübung:

Schreiben Sie die Zeile für das Rechteck neu, folgende Argumente sollen berücksichtigt werden:

Farbe: dunkelblau (recherchieren Sie die Farbcodierung)
Position im Screen (640, 480): Platzierung in der Mitte
Breite und Höhe: B: 30 Pixel, 50 Pixel

Lösung:

Das neue Rechteck soll dunkler sein und etwas schmäler:
pygame.draw.rect(screen, [0,100,250], [<u>100,100</u>, *50,100*], 0) →

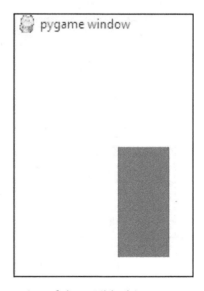

Dazu noch ein Kreis:

Nun soll auf dem Bildschirm ein Kreis ergänzt werden. Dies funktioniert ähnlich wie beim Rechteck mit dem Objekt namens „circle". Die Funktion „draw" benötigt für die Zeichnung wieder Parameter:

Farbe: (255,0,0) = rot
Position im Screen: (300, 300) (Angaben als Pixel)
Radius: 20 (Angabe als Pixel)

Insgesamt also:
pygame.draw.circle(screen, [255,0,0], [300,300], 20,0)

Die Codierung wird nun ergänzt, so dass nun ein Rechteck und ein Kreis auf dem Bildschirm erscheint:

Codierung	
1)	import pygame
2)	pygame.init()
3)	screen = pygame.display.set_mode([640, 480])
4)	screen.fill([255,255,255])
5)	pygame.draw.rect(screen, [0,50,250], [100,100,50,100], 0)
6)	pygame.draw.circle(screen, [255,0,0], [300,300],20,0)
7)	pygame.display.flip()
8)	aktiv = True
9)	while aktiv:

10)	for event in pygame.event.get():
11)	if event.type == pygame.QUIT:
12)	aktiv = False
13)	pygame.quit()

Ergebnis:

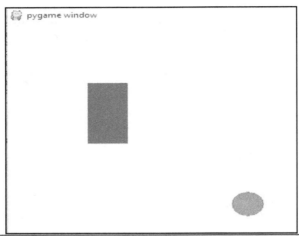

Zwischenübung:

Code-Reading: Bisher wurde der Code immer Schritt für Schritt nochmal erläutert. Mit dieser Übung beginnen wir, dass Sie den Code Schritt für Schritt aufschreiben:

Zwischenübung:

Schreiben Sie den Code für folgendes Screen-Design:

Hintergrundfarbe ist es helle Blau. In jeder Ecke, mit etwas Abstand zu den Rändern sollen symmetrisch je ein Kreis mit der Farbe dunkelgrün angezeigt werden. Überlegen Sie, wie Sie die Pixelposition der Kreis berechnen, dass der Abstand zum jeweiligen Rand in den Ecken überall gleich ist. Schreiben Sie den Code zunächst hier auf und übertragen es dann in die IDLE!

Lösung:

10.2 Animation

Im Screen befinden sich nun ein Rechteck und ein Ball, allerdings passiert noch nichts. Wir wollen nun, dass sich Rechteck und Ball bewegen. Animationen in Computerprogrammen funktionieren im Prinzip über einen einfachen Trick. Z.B. soll das Rechteck nun sich in den rechten Rand des Bildschirms bewegen. Um dies zu erreichen, wird das Rechteck im rechten Rand neu gezeichnet und das alte Rechteck wird gelöscht. Das Löschen erfolgt einfach dadurch, dass der Hintergrund über das alte Rechteck gezeichnet wird. Da der Hintergrund in diesem Beispiel weiß ist, ist dies besonders einfach. Dabei wird die bisherige Codierung um die Zeilen 8 bis 11 ergänzt. Die Codierung in den Zeilen bewirkt, dass zunächst der alte Screen angezeigt wird. Mit einer zeitlichen Verzögerung von 1000 Millisekunden (also einer Sekunde) – hierfür sorgt Zeile 8 „pygame.time.delay(1000)" wird das neue Rechteck gezeichnet und das alte Rechteck durch ein weißes Rechteck (also die Hintergrundfarbe) an der genau gleichen Stelle ersetzt.

Beispiel zur Codierung

```
1)    import pygame
2)    pygame.init()
3)    screen = pygame.display.set_mode([640, 480])
4)    screen.fill([255,255,255])
5)    pygame.draw.rect(screen, [0,50,250], [100,100,50,100], 0)
6)    pygame.draw.circle(screen, [255,0,0], [300,300],20,0)
7)    pygame.display.flip()

8)    pygame.time.delay(1000)
9)    pygame.draw.rect(screen, [0,50,250], [300,100,50,100], 0)
10)   pygame.draw.rect(screen, [255,255,255], [100,100,50,100], 0)
11)   pygame.display.flip()

12)   aktiv = True
13)   while aktiv:
14)      for event in pygame.event.get():
15)         if event.type == pygame.QUIT:
16)            aktiv = False
17)   pygame.quit()
```

Zwischenübung:

Code-Reading: Erläutern Sie den Code Schritt für Schritt

Zwischenübung Kap.X.Nr3:

Übernehmen Sie den Code des Screen-Designs aus der vorigen Aufgabe. Die Kreise sollen nach zwei Sekunden verschwinden und in der Mitte soll nur noch ein Kreis angezeigt werden.

Lösung:

Bisher sieht die Animation jedoch wenig fließend aus, dies kann mit einer Schleife erreicht werden. In diesem Fall soll der Ball animiert werden. Er soll sich von seiner Position in der rechten unteren Ecke Richtung Rechteck bewegen.

Bisher hat der Ball folgende Koordinaten: [300,300]. Nochmal zur Erinnerung, das linke obere Eck des Screens hat die Koordinaten [0,0]. Wir müssen den Ball also so bewegen, dass sich die x- und y-Koordinate vermindert. Dies erreichen wir in der For-Schleife ab Zeile 11!

Codierung	
1)	import pygame
2)	pygame.init()
3)	screen = pygame.display.set_mode([640, 480])
4)	screen.fill([255,255,255])
5)	pygame.draw.rect(screen, [0,50,250], [100,100,50,100], 0)
6)	pygame.draw.circle(screen, [255,0,0], [300,300],20,0)
7)	pygame.display.flip()
8)	x=300
9)	y=300
10)	i=0
	for i in range (0,300):
	pygame.draw.circle(screen, [255,255,255], [x,y],20,0)
	x = x-i
	y = y -i
	pygame.time.delay(100)
	pygame.draw.circle(screen, [255,0,0], [x,y], 20,0)

```
          pygame.display.flip()

aktiv = True
while aktiv:
    for event in pygame.event.get():
        if event.type == pygame.QUIT:
            aktiv = False
pygame.quit()
```

Ergebnis:

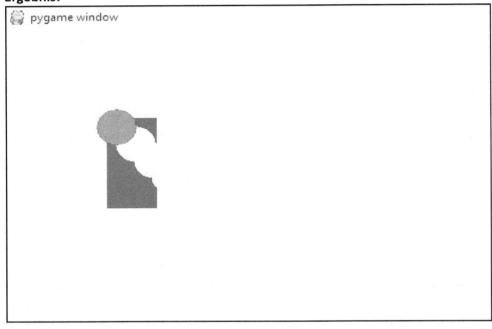

Zwischenübung:

Code-Reading: Erläutern Sie den Code Schritt für Schritt

Es sieht nun so aus, als würde der rote Kreis, das blaue Rechteck durchschneiden. In Wirklichkeit ist es der weiße Kreis, der den alten roten Kreis immer löscht und somit sich auch über das blaue Rechteck legt.

Zwischenübung:

Übernehmen Sie den Code des Screen-Designs aus der vorigen Aufgabe. Der Kreis soll aus der Mitte heraus in das rechte obere Ecke „gleiten". Übertragen Sie den Code in die IDLE. Variieren Sie die Codierung mit „pygame.time.delay(??)" die Auflösung der Animation und beobachten Sie die Effekte!

10.3 Ein Ballspiel

Mit diesen Kenntnissen und etwas neuem Know-How kann nun eine erste Animation erfolgen. Es soll ein schwarzer Kreis (Ball!) zunächst in den Screen gezeichnet werden. Dann soll dieser Ball an den Rändern abprallen.

Codierung	
1)	import pygame
2)	pygame.init()
3)	screen = pygame.display.set_mode([640, 480])
4)	screen.fill([255,255,255])
5)	pygame.draw.circle(screen, [0,0,0], [320,240],20,0)
6)	pygame.display.flip()
7)	
	x=320
8)	y=240
9)	x_tempo=5
10)	y_tempo=5

```
aktiv = True

while aktiv:
    for event in pygame.event.get():
        if event.type == pygame.QUIT:
          aktiv = False
    pygame.time.delay(30)
    pygame.draw.circle(screen, [255,255,255], [x, y], 20,0)
    x=x+x_tempo
    y=y+y_tempo

    if x>620 or x<0:
       x_tempo = -x_tempo

    if y>460 or y<0:
       y_tempo = -y_tempo
    pygame.draw.circle(screen, [0,0,0], [x,y],20,0)
    pygame.display.flip()

pygame.quit()
```

Die if-Verzweigung stellt quasi das Abprallen des Balles dar! Über die x- und y- Koordinate wird festgestellt, ob der Rand erreicht ist. Da die Bildschirmgröße aus der Breite von 640 Pixeln und Höhe von 480 Pixeln besteht, muss entsprechend die Veränderung der x- und y-Koordinatenrichtung bei diesem Rand erfolgen. Wichtig: Da der Ball selbst einen Radius von 20 Pixeln hat und die Koordinate des Balls immer der Kreismittelpunkt ist, müssen diese 20 Pixel bei der Randberechnung mit einbezogen werden. Deshalb ist in der if-Verzweigung auch die Begrenzung nicht bei x>640 Pixeln, sondern bei 620 Pixel (analog hierzu der y-Wert!).

10.4 Sprites

Für Spiele sind sog. Sprites von besonderer Relevanz. Sprites sind grafische Objekte, die sich auf dem Bildschirm bewegen können und die Möglichkeit haben mit anderen Objekten zu interagieren. Das grafische Objekt kann eine Zeichnung (z.B. der schwarze Kreis aus dem vorigen Kapitel) oder eine Bilddatei sein.

Für Sprites hat Pygame ein eigenes Modul vorgesehen. Es besteht darin, dass für Sprites eine eigene Unterklasse erstellt wird. Es soll nun das klassische PingPong-Spiel erstellt werden. Hierfür wird zunächst der Ball benötigt. Der Ball ist ein Objekt, um Objekte für das Spiel zu erzeugen, muss zunächst eine Klasse gebildet werden:

Beispiel zur Codierung:	
1)	class Ball(pygame.sprite.Sprite):
2)	def __init__(self, bild_datei, tempo, koord): **#Wichtig Leerzeichen nach def!**
3)	pygame.sprite.Sprite.__init__(self)
4)	self.image = pygame.image.load(bild_datei)
5)	self.rect=self.image.get_rect()
6)	self.rect.left, self.rect.top = koord
7)	self.tempo = tempo

Die Klasse hat folgende Parameter:

bild_datei: Hier kann für das Objekt ein Bild eingefügt werden,
tempo: Das Tempo des Objekts bestimmt sich bei 2-D Spielen (zweidimensionalen Spielen) danach wie sich die x-Koordinate und die y-Koordinate mit jedem Bildwechsel verändern.

koord: Die Koordinaten des Objekts am linken oberen Eck (auch wenn es ein Ball ist, wird eigentlich ein Rechteck abgespeichert, also der Ball als rechteckiges Bild)

Eine Methode für die Klasse Ball: „ballbewegen"

Beispiel zur Codierung:	
1)	
2)	def ballbewegen(self):
3)	self.rect = self.rect.move(self.tempo)
4)	if self.rect.left < 0 or self.rect.right >640:
5)	self.tempo[0] = -self.tempo[0]
6)	if self.rect.top<=0:
7)0)	self.tempo[1] = -self.tempo[1]

Die Methode richtet sich nach dem Rechteck-Bild, in dem der Ball abgebildet ist. Im Prinzip wird ein Rechteck bewegt (self.rect). Stößt dieses an den Seitenrand oder oberen bzw. unteren Bildrand, dann kehrt sich die Bewegungsrichtung um (self.tempo = -self.tempo).

Dann wird der Schläger programmiert.

Beispiel zur Codierung:

1)	class TTschlaeger(pygame.sprite.Sprite):
2)	def __init__(self, koord = [0,0]):
3)	pygame.sprite.Sprite.__init__(self)
4)	image_surface = pygame.surface.Surface([80,15])
5)	image_surface.fill([0,255,0])
6)	self.image = image_surface.convert()
7)0)	self.rect = self.image.get_rect()
	self.rect.left, self.rect.top = koord

Der Schläger wird auch wieder als Sprite programmiert. Es wird ein Rechteck programmiert, das mit Grün ([0,255,0]) gefüllt wird. Diese Grafik wird anschließend in eine Bild verwandelt (self.image = image_surface.convert()). Danach wird das Bild wieder als Sprite-Rechteck behandelt, das Rechteck bekommt wieder die Koordinaten für die Position zugewiesen (self.rect.left, self.rect.top = koord).

Nachdem die Erstellung der Klassen und Methoden abgeschlossen sind, geht es an die eigentliche Programmierung:

Beispiel zur Codierung:

1)	pygame.init()
2)	screen = pygame.display.set_mode([640,480])
3)	uhr = pygame.time.Clock()
4)	ball_tempo = [20,15]
5)	meinBall = Ball('ttball.png',ball_tempo, [50,50])
6)	ballGroup = pygame.sprite.Group(meinBall)
7)0)	schlaeger = TTschlaeger([300,420])

10.5 Die Uhr im Spiel

Um exakt festzulegen, wie lange bestimmte Prozesse, z.B. Schleifendurchläufe. dauern sollen, benötigen die Programme eine zeitliche Vorgabe. Gerade bei Spielen wird die Geschwindigkeit durch Frames pro Sekunde festgelegt. Dies ist die Aktualisierung der Grafik pro Sekunde. Bei mind. 20 Frames pro Sekunde bekommen wir in der Regel eine flüssige Animation, im Prinzip erscheinen 20 Einzelbilder pro Sekunde schnell hintereinander, das menschliche Auge erkennt nicht mehr die Einzelbilder, sondern sieht darin die Bewegung der Animation. Mit der Instanz „Uhr" des Pygame-Moduls „time" die Klasse„Clock" (pygame.time.Clock), ergibt sich die Möglichkeit die Framerate genau festzulegen, unabhängig ob der Computer schnell oder langsam ist. In der Hauptschleife des Programms wird der Instanz „Uhr" der Klasse „Clock" dann ein Wert zugewiesen, der die Framerate bestimmt.

10.6 Gruppierung und Kollision

Die Pygame-Klasse Group wird in der Spieleprogrammierung insbesondere für Kollisionen von zwei Objekten benötigt. Die zwei Objekte sind in dem Spiel zum einen der Ball, zum anderen der Schläger. Da die Kollision von Objekten eine typische Situation in einem 2-D Spiel ist, hat Pygame hierfür praktischerweise die Methode „spritecollide" vorgesehen. Die Umsetzung im Programm ist dann die folgende.

Beispiel zur Codierung:	
1)	if pygame.sprite.spritecollide(schlaeger, ballGroup, False):
2)	meinBall.tempo[1] = -meinBall.tempo[1]
)0)	

Erklärung: Falls Schläger und Ballgruppe kollidieren, dann wechselt der Ball die Richtung!

10.7 Die Steuerung des Schlägers mit der Maus

Während der Ball ja durch die Codierung festgelegt ist, wie er sich bewegen soll (Methode „ballbewegen"), soll der Schläger über die Maus gesteuert werden. Hierzu ist ein sog. Ereignishandler notwendig. Ein Ereignis in einem Programm ergibt sich durch Zeitsteuerung im Programm (time.delay oder clock), durch Bewegung oder Klicken der Maus oder durch Drücken bestimmter Tasten (z.B. Pfeiltasten zum Steuern eines Objektes). Die Möglichkeiten von Ereignis-Handling wurde bereits im PyQt-Kapitel erörtert und würde an dieser Stelle zu weit führen. Für das Programm benötigen wir das Ereignishandling mittels Maus:

Beispiel zur Codierung:	
1)	for event in pygame.event.get():
2)	if event.type==pygame.QUIT:
)0)	aktiv = False
	elif event.type ==pygame.MOUSEMOTION:
	schlaeger.rect.centerx = event.pos[0]

Die For-Schleife läuft so lange, bis das Kreuz des Fensters geklickt wird, damit sich das Windows-Fenster mit dem Spiel schließt (pygame.QUIT). Die Steuerung des Schläeger erfolgt über pygame.MOUSEMOTION

Das komplette Ballspiel

Codierung:	
1)	import pygame
2)	
3)	class Ball(pygame.sprite.Sprite):
4)	def __init__(self, bild_datei, tempo, koord):
5)	pygame.sprite.Sprite.__init__(self)
6)	self.image = pygame.image.load(bild_datei)

```
  7)      self.rect=self.image.get_rect()
          self.rect.left, self.rect.top = koord
  8)      self.tempo = tempo
  9)
 10)    def ballbewegen(self):
          self.rect = self.rect.move(self.tempo)
          if self.rect.left < 0 or self.rect.right >640:
            self.tempo[0] = -self.tempo[0]
          if self.rect.top<=0:
            self.tempo[1] = -self.tempo[1]


     class TTschlaeger(pygame.sprite.Sprite):
        def __init__(self, koord = [0,0]):
          pygame.sprite.Sprite.__init__(self)
          image_surface = pygame.surface.Surface([80,15])
          image_surface.fill([0,255,0])
          self.image = image_surface.convert()
          self.rect = self.image.get_rect()
          self.rect.left, self.rect.top = koord


     pygame.init()
     screen = pygame.display.set_mode([640,480])
     uhr = pygame.time.Clock()
     ball_tempo = [20,15]
     meinBall = Ball('ttball.png',ball_tempo, [50,50])
     ballGroup = pygame.sprite.Group(meinBall)
     schlaeger = TTschlaeger([300,420])


     aktiv = True
     while aktiv:
       uhr.tick(20)
       screen.fill([255,255,255])
       for event in pygame.event.get():
         if event.type==pygame.QUIT:
           aktiv = False
         elif event.type ==pygame.MOUSEMOTION:
           schlaeger.rect.centerx = event.pos[0]

       if pygame.sprite.spritecollide(schlaeger, ballGroup, False):
         meinBall.tempo[1] = -meinBall.tempo[1]

       meinBall.ballbewegen()
       screen.blit(meinBall.image, meinBall.rect)
       screen.blit(schlaeger.image, schlaeger.rect)
       pygame.display.flip()
     pygame.quit()
```

Das Spiel (so sollte etwa so aussehen):

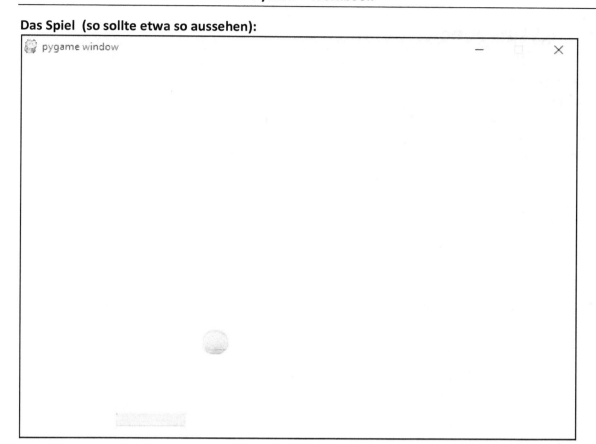

Übungsaufgaben zu Kapitel 10

Aufgabe 1:

Problem:

Erstellen Sie zunächst eine grafische Animation, bei der ein Ball im Fenster umherfliegt und an allen vier Seiten abprallt.

Programm:

Großprojekt zur Spieleprogrammierung

Erstellen Sie ein Spiel bei dem eine Weltraumrakete heranfliegenden Meteoriten ausweicht. Wichtig: Sie müssen hierzu erst entsprechende Bilder vorbereiten und entsprechend in dem Ordner, wo dann die Codierung liegt, abspeichern.

Beachten Sie bitte, dass Sie in der Programmierung die Methoden entsprechend klar definieren.

Eine (von vielen möglichen) Lösung zu diesem Großprojekt finden Sie im Buch „Lösungen zum großen Python-Workbook".

ISBN: 9783746095967

Alle Lösungen zu den Aufgaben in diesem Buch:

(ISBN: 9783746095967)

Auf der Seite
www.powerlerner.de
finden Sie weitere Aufgaben zu Python!

Herstellung und Verlag:
BoD - Books on Demand, Norderstedt
ISBN 978-3-7431-1015-1